AF464399

ÉTIENNE JOUVE

LES MERVEILLES

DE L'ARRIÈRE-BOUTIQUE

DE

SAINT ANTOINE

NOUVEAU RÉCIT D'UN TÉMOIN

*Orné d'une reproduction de l'*ARRIÈRE-BOUTIQUE

PARIS
VICTOR RETAUX, LIBRAIRE-ÉDITEUR
82, RUE BONAPARTE, 82

1898

LES MERVEILLES
DE L'ARRIÈRE-BOUTIQUE
DE
SAINT ANTOINE

DU MÊME AUTEUR

L'ARRIÈRE-BOUTIQUE DE SAINT ANTOINE
A TOULON
ET LE PAIN DES PAUVRES

Un volume in-18 jésus, orné d'un portrait, 11e édition, avec une lettre-préface du R. P. Marie-Antoine, une lettre du cardinal Rampolla et des approbations de NN. SS. les Évêques de Fréjus, de Marseille, de Pamiers et de Bayonne.

Prix. . . . . 2 fr. 50

Voici la lettre que S. G. Mgr Robert, évêque de Marseille, a daigné écrire à l'auteur :

Marseille, le 15 novembre 1895.

Cher monsieur Jouve,

Que je suis en retard avec vous au sujet de l'*Arrière-Boutique de saint Antoine à Toulon !*

Mais à quelque chose malheur est bon, puisque aujourd'hui je dois vous féliciter non seulement sur votre excellent livre, mais encore sur le brillant succès que, par ses diverses éditions, il a obtenu auprès du public.

Ce succès vous était dû : vos amis l'attendaient. Nul mieux que vous ne pouvait raconter les prodiges de charité de notre Thaumaturge. Votre admirable talent d'écrivain, votre absolu dévouement à la sainte Eglise, votre cœur qui s'ouvre pour toutes les grandes causes et votre présence sur les lieux où vous avez pu de vos yeux constater les faits : tout vous désignait pour nous raconter cette histoire surnaturelle de la charité à l'égard des pauvres.

Pour moi, qui ai bien connu tous les bons combats que vous avez soutenus pour les droits de Dieu et de la Vérité, je bénis le Seigneur de vous voir toujours vaillant et je le prie de vous conserver toujours entre les mains cette plume dont vous savez si bien user pour servir ses intérêts et ceux de son Eglise.

Veuillez agréer, cher monsieur Jouve, avec mes sincères félicitations, la nouvelle assurance de mes sentiments les plus dévoués.

✝ LOUIS, *évêque de Marseille.*

ÉMILE COLIN — IMPRIMERIE DE LAGNY

ÉTIENNE JOUVE

LES MERVEILLES
DE L'ARRIÈRE-BOUTIQUE
DE
SAINT ANTOINE
NOUVEAU RÉCIT D'UN TÉMOIN

*Orné d'une reproduction de l'*Arrière-Boutique

SIXIÈME ÉDITION

PARIS
VICTOR RETAUX, LIBRAIRE-ÉDITEUR
82, RUE BONAPARTE, 82

1898

AVANT-PROPOS

Nous avons raconté ailleurs l'origine toute récente de *l'Œuvre du Pain de saint Antoine* (1), nous avons dit en quel lieu et dans quelles circonstances elle prit naissance, par quelles faveurs spirituelles et temporelles le glorieux thaumaturge de Padoue se plaît à récompenser l'aumône faite aux pauvres en son nom, et quelles ressources inattendues procure à la charité chrétienne cette dévotion née d'hier dont les prodigieux développements confondent véritablement l'imagination.

C'est la suite des merveilles qui s'opèrent dans

(1) *L'Arrière-Boutique de saint Antoine à Toulon et le Pain des Pauvres,* récit d'un témoin. Un volume in-12. *Onzième édition*. Retaux, éditeur Paris.

cette pauvre arrière-boutique dont la renommée est, à cette heure, répandue dans le monde entier, que nous offrons au lecteur.

Nous ne nous flattons pas d'apporter le dernier mot sur cet inépuisable sujet. Un pieux écrivain a remarqué fort justement qu'un livre dans le genre de celui-ci ne sera jamais fini, puisque chaque jour y ajoute un nouveau chapitre (1).

Ce n'est du reste pas même un livre, dans la véritable acception du mot, que nous avons eu la prétention d'écrire, mais simplement une collection de documents, l'authentique exposé des événements accomplis durant les années qui viennent de s'écouler, et, en même temps, le récit fidèle de quelques-unes des grâces les plus remarquables obtenues par l'intercession de saint Antoine de Toulon.

En présence du renouveau de foi et de charité qui se manifeste en tous lieux, avec la même spontanéité et le même éclat, pendant que saint Antoine, justifiant son titre de « saint universel », triomphe partout, ceux qui, dans l'innombrable multitude de ses clients, connaissent l'humilité des débuts de cette dévotion providentielle, sont peut-être tentés de se demander ce qu'il est

(1) *Vie, gloire et merveilles de Saint Antoine de Padoue*, par Georges Loth. Bloud et Barral, éditeur.

advenu de la petite arrière-boutique d'où ce mouvement extraordinaire est parti.

C'est la réponse à cette question que nous apportons dans les pages qu'on va lire.

*
* *

Des témoignages aussi flatteurs que répétés nous ont appris que notre premier volume faisait du bien, et qu'il avait contribué à rallumer ou à raviver la foi dans les âmes, et nous en avons été grandement consolé et réjoui.

Puisse ce nouveau recueil être encore béni par saint Antoine et produire les mêmes fruits.

Nous n'ambitionnons pas une autre récompense.

E. J.

Toulon, le 8 décembre 1897.

LES MERVEILLES
DE L'ARRIÈRE-BOUTIQUE
DE SAINT ANTOINE

CHAPITRE PREMIER

CE QU'ON VOIT DANS L'ARRIÈRE-BOUTIQUE

Au mois de mai 1895, un journaliste parisien, M. Charles Loiseau, de passage dans le Midi, s'arrêtait une heure à Toulon et venait voir l'arrière-boutique de saint Antoine. Il a raconté cette visite dans le numéro du 16 mai de la *Vérité*. C'est un croquis pris sur le vif et fort lestement enlevé. On ne saurait voir plus juste et peindre avec plus d'exactitude. Aussi, n'hésitons-nous pas à donner ici cet instantané. Après le récit du témoin à demeure qui, pendant de longs mois, a étudié le spectacle qu'il avait sous les yeux et s'est efforcé d'en reproduire les détails avec fidélité, le lecteur trouvera peut-être quelque intérêt à connaître l'impression d'un passant.

Voici ce que raconte M. Loiseau :

. . . .

« Une arrière-boutique... il n'y a pas à dire !

» Imaginez une petite pièce, non, un réduit de quelques mètres carrés, où le visiteur, qui s'attend à trouver un oratoire, inventorie du premier coup d'œil et presque malgré lui : une grande statue du saint, dressée au fond sur une cheminée sans affectation précise; une autre petite statue, à gauche, sur un socle; un buffet où s'étalent, en bon ordre, salière, couteaux et quelques ustensiles de ménage; une table à manger en noyer verni ; une pile de caisses de lingerie, près de la porte qu'elles obstruent; quelques chromolithographies, le tout propre, rangé, serré, encombrant néanmoins, éclairé par une veilleuse et deux cierges. J'oublie : soyons réalistes jusqu'au bout. Dans la cheminée dort un chat authentique, qui n'est évidemment pas destiné à faire de la réclame au surnaturel. L'ensemble a un cachet de dévotion intime, originale, familière, qu'il est inutile, je crois, de chercher ailleurs.

» La boutique n'est guère plus grande que le réduit. Au moment où j'entre, elle contient quelques personnes et paraît pleine. Deux messieurs,

sur le seuil, prennent congé de mademoiselle Bouffier; une dame achète je ne sais quoi et confère avec une demoiselle de magasin ; deux autres prient dévotement, agenouillées dans la boutique même, à côté du comptoir, car la *clientèle* de saint Antoine emplit déjà sa salle d'audience. Je me nomme. « — Vous êtes le pre-
» mier rédacteur de la *Vérité* qui nous fasse une
» visite, me dit mademoiselle Bouffier. Soyez le
» bienvenu; asseyez-vous et causons. »

» Elle cause, ma foi, très bien. La physionomie est claire, bienveillante et décidée. Absolument rien de la *dévote*, au sens que vous entendez bien. De l'exaltée, pas davantage. Un ensemble d'attitude et de manières qui décèle, dès l'abord, une maîtresse femme, une nature courageuse, généreuse et d'*aplomb*. Alerte, la tête à tout. Le magasin ne désemplit pas. Qu'il entre un client de la boutique ou de l'arrière-boutique — les seconds sont dans la proportion de vingt contre un — la voilà debout, toujours égale, souriante, parlant beaucoup, ne bavardant pas, ni fatiguée, ni surprise, encore moins glorieuse de sa popularité.

» Cela dure du matin au soir. Un brave cœur, à coup sûr, mais non moins sûrement une riche organisation.

» Elle n'a pas l'air d'être dans son royaume, ni même chez elle, mais chez saint Antoine, sur lequel elle s'exprime sans ombre d'affectation mystique. Elle est son intendante, et voilà tout. Comme tous les bons intendants, elle a le respect familier : « Saint Antoine n'a pas été *très* » *gentil* pour nous avant-hier : il n'y avait que » deux cents francs dans le tronc. Mais je le lui » ai fait remarquer, et hier, la recette dépassait » trois cents. » — Ou bien : « Saint Antoine est » très malicieux : vous n'imaginez pas les bons » tours qu'il joue aux libres-penseurs, etc. » Dans ce petit magasin, on parle de saint Antoine comme d'un homme qu'on sent, qu'on touche, ou qui va venir — comme du ministre dans l'antichambre d'un ministère.

» Sur le comptoir, une trentaine de lettres : « — C'est le courrier du matin, me dit mademoi- » selle Bouffier, mais ce soir j'en aurai autant. » C'est l'heure du marché, et le marché se tient précisément sur le cours Lafayette. De la rue à l'arrière-boutique c'est une continuelle procession. On entre, on passe, en s'effaçant, avec un léger signe de tête à la maîtresse du logis. Une foule de femmes du peuple défilent, heurtant leurs paniers, se frayant vaille que vaille un passage jusqu'à la statue du saint. On perçoit à chaque instant le bruit mat d'une pièce qui tombe dans le tronc des pauvres. Ce lieu privilégié est absolument fermé au respect humain. Voici une ordonnance d'officier, reconnaissable à sa casquette, qui s'agenouille, prie, et serre, en se retirant, la main de mademoiselle Bouffier. Il paraît que celle-ci connaît son *cas*. « — Soyez tranquille, lui dit-elle gaiement, et » comptez sur saint Antoine (1). » Physionomies attristées, physionomies souriantes, hommes, jeunes filles, enfants, c'est le vrai défilé de la vie, des misères, des joies, des espoirs de chaque jour. Et l'on sent très bien que ce n'est pas un public trié, spécial, un public de pèlerinage. C'est le public sans épithète qui passe chez saint Antoine en vaquant à ses affaires, qui se présente au guichet d'une banque populaire et surnaturelle, ou pour donner, ou pour recevoir.

» — Si vous aviez la patience de rester une » journée dans ma boutique, me dit mademoi- » selle Bouffier, vous verriez défiler toutes les » classes de la société, tous les types de *clients* de » saint Antoine aussi. Il y en a de bizarres, mais » le bon saint ne rebute personne. Il est particu- » lièrement bon pour les marins. La semaine

(1) Le voici, le cas de l'ordonnance. C'était un religieux, simple frère convers d'un monastère de la région, condamné à *trois années* de service dans l'artillerie par les lois que l'on connaît. Après quelques mois de service, remarqué par son capitaine, il en était devenu l'ordonnance. Mais le capitaine venait de recevoir son changement : il s'en allait à Besançon et voulait emmener avec lui l'artilleur. Le bon frère était indécis, et c'est la fin de ses perplexités qu'il était venu demander à saint Antoine.

» dernière, un officier me demande d'un ton
» bourru : *Où est-il votre saint?* — Le voici, mon-
» sieur ; voulez-vous faire sa connaissance ? —
» C'est fait : j'ai une dette, je viens l'acquitter.
» Mais du diable si j'eusse cru qu'on me ferait
» jamais entrer ici ! — Je riais sous cape ; j'ai
» pensé qu'il allait jurer. Oh ! saint Antoine aime
» beaucoup ces clients-là ! »

» A Toulon, la boutique de mademoiselle Bouffier est aussi connue que l'arsenal ou la préfecture. Beaucoup de gens qui ne croient pas en Dieu croient en saint Antoine. « Et ce ne sont
» pas, ajoute malicieusement l'intendante, les
» plus mal servis. Je pourrais vous citer tel
» négociant qui ne met jamais les pieds à l'église,
» même le jour de Pâques, et qui s'adresse ici,
» la veille de ses échéances. » — A la poste, on a commencé par sourire des suscriptions naïves qui encombraient le courrier de mademoiselle Bouffier. Le nombre des lettres et surtout des mandats a fini par imposer le respect. Beaucoup de bons sont adressés tout simplement à *Saint Antoine, Toulon*. L'administration accepte le principe d'une procuration tacite et générale dont mademoiselle Bouffier est bénéficiaire. Pour qui connaît les mœurs de nos bureaux, c'est la moitié d'un miracle.

. . . .

» La rue, la rue vivante, qui est devant nous,

et de laquelle on aperçoit, toutes portes ouvertes, les cierges qui brûlent devant la statue du saint, ne témoigne ni surprise, ni même curiosité, devant les gens qui sortent de la boutique, et qui se signent souvent sur le seuil. C'est passé dans les mœurs toulonnaises. Un homme qui va recommander une affaire à saint Antoine ne paraît pas plus extraordinaire qu'un ouvrier qui passe à la paye, ou un rentier qui va toucher son coupon. — Dans le Var, cette déférence envers l'œuvre est quasi générale. J'y connais des gens qui ne sont guère mystiques, ni par éducation ni par habitude, et auxquels j'ai demandé s'ils croyaient en la puissance de saint Antoine. — « Et comment n'y pas croire, m'ont-» ils répondu, quand on en sent les effets? »

. . . .

» Voilà ma déposition finie. J'ai conscience, non seulement de n'avoir rien ajouté, mais d'atténuer plutôt mon impression. Même les libres-penseurs accorderont qu'un tel sujet est digne de la chronique, et qu'on impose à l'attention du public une foule de documents contemporains qui ne valent pas celui-là. J'ajoute que s'il y avait beaucoup de vrais réalistes, — j'entends ceux qui n'excluent pas *à priori* le surnaturel du réel — mademoiselle Bouffier recevrait la visite de plus d'un romancier, qui se pique de ne travailler que sur « *choses vues* ».

» Saint Antoine est si industrieux, au témoignage de son intendante, qu'il accorderait peut-être au plus célèbre de tous — sur sa demande — la faveur, humainement bien compromise, d'entrer à l'Académie. »

*
* *

De romancier, en passe de devenir académicien, il n'en est pas venu encore beaucoup à la rue Lafayette. M. Jean Aicard, une fois. Il est vrai que c'est un Toulonnais, mais il n'aurait peut-être pas connu saint Antoine sans un ami qui se chargea de la présentation. Il fut vivement intéressé, empoigné même, à ce qu'il parut, et promit de revenir. On ne l'a plus vu. Peut-être sa Muse fut-elle incommodée par l'atmosphère de surnaturel qu'on respire chez mademoiselle Bouffier.

Un autre jour, j'étais là, deux femmes de romanciers parisiens, l'une des deux au moins femme de lettres, deux Parisiennes raffinées, en villégiature à Tamaris : Mesdames Alphonse D... et Jules V..., ainsi dénommées, par la dame qui voulait leur montrer ce coin pittoresque de Toulon. Elles entrèrent en coup de vent dans l'oratoire encombré, à ce moment-là, de pèlerins agenouillés, jetèrent un coup d'œil rapide et, tournant sur leurs talons, s'en allèrent comme elles étaient venues, sans avoir salué personne, pas même le saint, surtout le saint, en disant d'un air précieux : « C'est drôle ! » Il est clair que ces pauvres dames n'y comprirent rien.

De ces indifférents, de ces sceptiques, simples curieux de passage, il en vient de temps à autre, mais pas autant qu'on pourrait croire. Ce n'est pas, d'ordinaire, de ce sentiment profane que sont animés les visiteurs qui, par milliers, se succèdent dans ce réduit.

Ah ! l'histoire intime de « ce peuple », suivant une expression familière à mademoiselle Bouffier, c'est là ce qu'il serait intéressant de connaître. Mais le plus grand nombre des pèlerins gardent leur secret. Une règle que s'est imposée l'Intendante, et dont elle ne se départ jamais, c'est de ne questionner personne. A ceux qui se montrent les plus communicatifs, qui portent le plus d'intérêt à l'œuvre et sont le plus avides de détails, elle ne demande même pas leur nom. Parmi les assidus avec lesquels elle cause familièrement, certains s'imaginent, peut-être, être connus d'elle. Ils sont dans l'erreur. Elle ne les connaît que comme des clients de saint Antoine. On lui demande parfois quel est ce monsieur, quelle est cette dame ? Ce sont des amis. Elle n'en sait pas plus long. Tous les amis de saint Antoine ne sont-ils pas les amis de son intendante ?

Et quelle cordiale simplicité dans l'accueil !

Deux prêtres de passage errent dans la rue Lafayette, cherchant des yeux l'arrière-boutique; ils vont et viennent sur le trottoir, et, n'apercevant rien qui ressemble à peu près à un oratoire, n'osent se risquer : « Il faudrait au moins, dit l'un, dépité, une enseigne! » Passe d'aventure mademoiselle Bouffier ; elle devine leur embarras, surprend la réflexion et, souriante : « Au bon vin, messieurs, pas d'enseigne ! » Les abbés se retournent : « Par hasard, ne seriez-vous pas mademoiselle Bouffier ? »

Ils sont repartis, sans qu'elle se soit seulement informée d'où ils arrivaient.

* * *

Il est cependant des visiteurs qui ne peuvent guère passer incognito, par exemple, les Evêques, car il en vient chez saint Antoine.

Nous avons raconté comment S. G. Mgr Mignot, évêque de Fréjus, honora l'arrière-boutique de sa visite. Ce fut le 12 mars 1894. Il y avait quatre ans, jour pour jour, que l'œuvre existait — elle naquit, on le sait, le 12 mars 1890 (1) — quand

(1) Lorsque le R. P. Marie-Antoine, à propos de l'œuvre des missions, d'où est sortie l'œuvre du pain, disait : « Quand on sème dans la charité, on recueille dans le miracle ; *l'œuvre des Missions*, c'était la fleur; celle du *Pain des Pauvres* en a été le fruit exquis » ; quand l'excellent religieux s'exprimait de la sorte, il ignorait la date de naissance de l'œuvre du Pain. S'il avait su qu'elle naquit un

le premier pasteur du diocèse, à la date anniversaire de son apparition, vint fortuitement donner par sa démarche comme une sorte de consécration officielle à la nouvelle dévotion.

Depuis, d'autres évêques sont venus prier dans le magasin de lingerie de la rue Lafayette !...

Le premier en date est Mgr Fraysse, évêque de Nouméa, de la Société de Marie. C'est dans le courant de mars 1895, en allant à Rome, qu'il visita saint Antoine, à plusieurs reprises ; et, au retour, ce lui fut une grande joie de pouvoir apporter à la pourvoyeuse des missions, à la zélatrice de l'œuvre du Pain, et à ses compagnes, la bénédiction apostolique et une indulgence plénière *in articulo mortis*.

Le jeudi 23 avril de la même année, vers les cinq heures du soir, un landau s'arrêtait devant le nº 41 ; un évêque en descendait, suivi d'un capitaine de frégate. C'était Mgr Rougerie, évêque de Pamiers, qui n'avait pas voulu passer à Toulon sans venir prier saint Antoine.

12 mars, il eût trouvé dans cette date comme la confirmation de son poétique rapprochement. Le 12 mars est, en effet, le jour anniversaire de la canonisation de saint François Xavier, le *patron des missions* et de la Propagation de la Foi, et, en même temps, le dernier jour de la célèbre *Neuvaine de grâce* qui se fait chaque année en l'honneur de l'illustre conquérant des Indes. Pour faire éclater la mystérieuse et mystique corrélation que le P. Marie Antoine dénonçait entre les deux œuvres, la Providence pouvait-elle choisir une date plus significative ?

Sa Grandeur traversa rapidement la chaussée, pénétra, sans la moindre hésitation, dans l'arrière-boutique, et s'agenouilla dévotement aux pieds du saint, sur le carreau nu.

L'Intendante, prévenue, se hâta d'accourir, et l'on vint dire à Monseigneur : « Voilà mademoiselle Bouffier. » L'évêque, sans se relever, lui tendit la main et lui dit :

— Venez, venez, mademoiselle Bouffier; mettez-vous là : il faut que vous priiez pour moi.

Elle s'agenouilla à côté de Sa Grandeur.

La prière dite, Monseigneur, pressé par le temps, dut se retirer; mais ce ne fut pas sans avoir béni paternellement l'assistance qui s'était accrue, et avoir fait baiser son anneau aux pèlerins agenouillés dans le magasin.

Mademoiselle Bouffier ayant demandé à Mgr de Pamiers si Sa Grandeur connaissait la petite œuvre : « Oui, répondit aimablement l'évêque en se retirant, je connais tout ce qu'il y a ici. Je suis un grand dévôt de saint Antoine. »

Le 26 mai 1896, Mgr Vidal, de la Société de Marie, évêque d'Abydos, vicaire apostolique des îles Fidji, venait à son tour visiter saint Antoine chez lui. Il y retournait le 13 juin et s'y rencontrait avec Mgr Mélizan, archevêque de Colombo (île de Ceylan), dont les relations avec le petit ouvroir de la rue Lafayette sont également d'ancienne date. Il nous rappelait sa première visite, il

ARRIÈRE-BOUTIQUE DE SAINT ANTOINE
à Toulon

y avait seize ans, lorsqu'il vint un jour demander à mademoiselle Bouffier, en l'étonnant un peu, si elle était « catholique », et l'invitant à le prouver en inscrivant son lointain diocèse parmi les missions qu'elle assistait.

Le 9 novembre, un nouvel évêque mariste, Mgr Broyer, évêque de Polémon, vicaire apostolique de l'Océanie centrale, sacré peu de jours auparavant (25 octobre) dans la Basilique de Fourvière, venait mettre son épiscopat sous la protection du grand pourvoyeur des missionnaires. Pendant le séjour qu'il fit à Toulon, Mgr Broyer retourna une deuxième fois à l'arrière-boutique, aussi vivement intéressé par l'étrangeté de ce sanctuaire que touché par la piété sans respect humain des pèlerins qui le visitent. Familièrement assis dans un coin du magasin, le Prélat assistait au défilé incessant des clients de saint Antoine, et ce spectacle le charmait au point que le 12 décembre suivant, au moment de partir pour l'Océanie, il écrivait à l'Intendante :

J'ai été grandement édifié et vivement touché de tout ce que j'ai vu dans la modeste demeure de saint Antoine. L'action de ce grand saint est visible dans votre œuvre qui étonne le monde entier. Mais ce qui est plus beau et plus admirable à contempler à la rue Lafayette, c'est la simplicité et la charité qu'on y respire...

Jamais, ni le temps ni les distances ne me feront oublier ce que j'ai vu dans les deux visites que je vous ai faites.

† P. BROYER,
s. m.

Le 8 janvier 1897, saint Antoine recevait la visite de Mgr Rewood, évêque de Wellington (Nouvelle Zélande), de la Société de Marie. Sa Grandeur était accompagnée du R. P. Georges, directeur de l'externat Saint-Joseph des RR. PP. Maristes à Toulon.

Le premier courrier de la journée, que le facteur venait de déposer sur le comptoir, se composait de *trente-huit lettres* Monseigneur, par un rapide coup d'œil sur les enveloppes aux timbres multicolores, put juger de l'universelle renommée de l'arrière-boutique. Dans le tas, mademoiselle Bouffier prit une lettre. L'adresse en était tracée d'une écriture fort grossière et véritablement informe; elle l'ouvrit, croyant à quelque supplique de pauvres gens. La lettre contenait une feuille de papier froissée et maculée, sans un mot d'écrit, de laquelle, en la dépliant, tombèrent deux billets de banque de 100 francs. Elle n'était pas même recommandée.

Enfin, le 20 novembre 1897, c'est Mgr Bouvier, évêque de Tarentaise, qui, traversant Toulon, demandait à Mgr Tortel, curé archiprêtre de la cathédrale, de le conduire dans l'oratoire de saint Antoine.

∴

Parmi les pèlerins de marque, il nous faut signaler encore M. l'abbé Lemire, de passage à Toulon le 11 mars 1896. Le vaillant député du Nord connaissait peu la dévotion du Pain des Pauvres, ou du moins ses humbles origines. Aussi écouta-t-il avec un vif intérêt les détails que mademoiselle Bouffier lui en donna. Une âme si éminemment sacerdotale, si largement ouverte à tout ce qui tend à l'amélioration du sort des déshérités, ne pouvait que se réjouir de cet épanouissement providentiel de la charité et du renouveau de foi dont il est l'occasion dans le monde entier. Nous avons le témoignage de l'impression profonde que M. l'abbé Lemire emporta de sa visite dans la lettre qu'il nous faisait l'honneur de nous écrire le 15 avril suivant :

Ma visite à la Boutique, nous disait-il, est une des choses qui dominent mon voyage dans le Midi. J'y ai trouvé la preuve nouvelle que Dieu fait grand avec rien. Et nous, pauvres humains, souvent nous ne faisons rien avec grand !

Citons encore Don Rua, le supérieur général des salésiens, le vénéré successeur de Don Bosco, qui ne manque guère, lorsqu'il traverse Toulon, de venir remercier saint Antoine du pain qu'il procure avec tant d'abondance à ses orphelins, et le R. P. Vincent-de-Paul Bailly, le directeur de la *Croix*, l'infatigable pèlerin de Jérusalem, qui, à la grande confusion de l'Intendante, réussit à passer incognito. Le 11 juin 1896, vers les quatre heures de l'après-midi, pendant que l'oratoire était en désarroi, tout l'échafaudage des caisses de lingerie ayant été démoli pour une vente, un religieux assomptionniste y pénétrait. Il se glissa comme il put jusqu'à la cheminée et s'agenouilla pour prier. Il se disposait à sortir, quelques instants après, quand mademoiselle Bouffier vint à lui. Il se présenta comme un pèlerin de Jérusalen, arrivé de l'avant-veille. Bien que l'intendante le vît pour la première fois, elle avait son nom sur les lèvres ; mais, fidèle à sa règle, elle n'osa pas trahir son incognito. « Le Moine », par un sentiment de modestie, ne déclina pas sa qualité. Et l'Intendante fut le soir un peu peinée d'avoir été prévenue trop tard de quelle visite, à son insu, elle avait été honorée.

Elle fut plus heureuse avec l'étranger qui, le 2 février 1897, vint, accompagné de sa femme et de ses deux fils, jeunes officiers de marine, prier le saint de la boutique.

— Bonjour, mademoiselle, dit-il avec affabilité, voici longtemps que je vous connais. Je suis heureux de me trouver dans la célèbre arrière-boutique de saint Antoine.

— A qui ai-je l'honneur de parler? ne put s'empêcher de demander l'Intendante.

— Oh! vous me connaissez assurément, vous aussi, reprit l'étranger.

Puis, après une légère pause, il ajouta en souriant...

— Le médecin de Lourdes.

Ce titre, avouons-le, ne disait absolument rien à mademoiselle Bouffier. Elle se hâta de répondre :

— Mais, monsieur, je ne suis jamais allée à Lourdes!

— Cela ne fait rien, reprit gaiement l'étranger; vous pouvez me connaître tout de même, vous avez bien dû entendre parler de moi...

Il pouvait dire vrai, certes, et sans vaine gloire, le célèbre docteur, il pouvait supposer que son nom n'était pas inconnu de l'Intendante. Mais mademoiselle Bouffier, témoignant par sa mimique interrogative qu'elle était bien certaine de ne connaître aucun médecin de Lourdes, le docteur Boissarie, car c'était lui, touché de voir que sa renommée universelle s'était arrêtée sur le seuil de l'arrière-boutique, s'écria en souriant :

— Oh! sainte fille, je vous admire! Vous êtes bien heureuse, dans votre obscurité, d'assister à tout ce qui se passe ici.

— C'est vous, docteur, qui êtes heureux d'être le témoin, à Lourdes, de tant de merveilles.

— S'il s'en produit de nombreuses à Lourdes, il s'en passe beaucoup aussi dans cette maison. Saint Antoine a bien su ce qu'il faisait en venant à Toulon qui a tant besoin de la protection de Dieu. Ah! quelle ville, quelle ville!

Le docteur alla s'agenouiller avec les siens dans l'oratoire, et fit une prière à haute voix. Puis, avant de quitter l'Intendante, il lui dit encore :

— Je vais à Rome, mademoiselle, je verrai le Saint-Père; je lui demanderai une bénédiction pour vous!

— Oh! le Saint-Père. Il ne sait seulement pas que j'existe.

— Vous croyez, mademoiselle? Eh bien, c'est, peut-être, ce qui vous trompe; il sait tout, le Saint-Père...

Et, au moment où il sortait, l'Intendante, contrairement à son habitude, ne résista pas à la tentation de demander son nom à ce docteur de Lourdes si connu, mais qu'elle ne connaissait pourtant pas. Et dès qu'il fut parti, elle se hâta de l'écrire, pour s'en souvenir; et c'est ainsi que nous avons su, pour le consigner ici, le nom du visiteur de marque du 2 février.

La façon dont l'Intendante déclina modestement l'honneur d'être nommée au Saint-Père, nous rappelle l'accueil plutôt froid qu'elle fit un jour à certaine grande dame qui, s'étant mis en tête de lui faire obtenir un prix Monthyon, ne doutait pas qu'elle n'en fût singulièrement flattée. Mademoiselle Bouffier se prit à rire de bon cœur au nez de son obligeante interlocutrice : « Oh ! dit-elle, si un pareil malheur m'arrivait, mon prix ne ferait qu'un saut au ruisseau. » Ce qui la rassure, toutefois, c'est que, le cas échéant, elle peut compter sur le concours bienveillant de M. le marquis Costa de Beauregard, propriétaire de l'île de Port-Cros (Var), qui connait de longue date, lui et les siens, l'arrière-boutique et l'Intendante, puisqu'il doit à saint Antoine de Toulon le réveil spirituel des habitants de son domaine. Maintenant que le voilà de l'Académie, il n'hésiterait pas, nous en sommes sûr, à s'entremettre, s'il le fallait, pour éviter un impair aux quarante, et, à la *servante* de saint Antoine, l'humiliation d'un prix de vertu.

⁂

Au risque d'offenser sa modestie, il est un pèlerin, parmi les plus notables, que nous nous en voudrions de ne pas nommer ici. C'est le T. R. P. Louis-Antoine, des religieux capucins, l'auteur de la magnifique vie illustrée de saint François d'Assise, le fondateur du *Musée franciscain* qui est une des merveilles de Marseille, alors provincial de la Province de Lyon, depuis définiteur de l'Ordre des Capucins. Le motif qui l'amenait, le 1er mai 1895, en pèlerinage à l'arrière-boutique, mérite d'être rapporté. C'était l'accomplissement d'un vœu inspiré par la piété filiale.

Au cours d'un voyage entrepris pour visiter toutes les maisons de son Ordre, le R. P. Bernard d'Andermatt, Général des frères mineurs Capucins, était tombé grièvement malade en Espagne. Le R. P. Louis-Antoine, en résidence à Marseille à ce moment-là, se hâta d'écrire à mademoiselle Bouffier, lui demandant des prières pour le vénérable malade. A défaut d'une aumône qu'en sa qualité de fils de saint François il lui était impossible de donner, il promit de faire à pied, à l'aller et au retour, le pèlerinage de l'arrière-boutique. La distance des deux villes est de 65 kilomètres par la route nationale.

Dieu ayant agréé ce vœu, et conservé le Révérendissime Père Général à l'affection de sa nombreuse famille religieuse, le P. Louis-Antoine, en dépit de son âge déjà avancé, se mit en route pour Toulon dans l'après-midi du 30 avril, et tout seul ! Il ne voulut pas, en effet, malgré les sollicitations qui lui furent faites, imposer à aucun de ses frères la fatigue de ce pèlerinage. En passant à Cuges (Bouches-du-Rhône), il vénéra l'insigne relique de saint Antoine de Padoue que l'on conserve dans l'église paroissiale de cette petite ville (1), et le digne curé lui offrit l'hospitalité pour la nuit. Le 31 avril, à l'aube, sa messe dite, il se remettait en route pour Toulon, où il arrivait vers les cinq heures du soir et descendait chez M. l'archiprêtre. Le lendemain, à six heures du matin, après avoir, à l'église cathédrale, célébré sa messe que l'Intendante entendit, selon sa coutume, — sans se douter de ce qui amenait à Toulon ce religieux capucin, — il venait accomplir pieusement son vœu dans l'oratoire de saint Antoine, où nous eûmes l'honneur d'aller le saluer, et peu d'instants après il reprenait le chemin de Marseille, toujours à pied.

Le même jour, le T. R. P. Colomban, abbé du monastère de Lérins (Alpes Maritimes), arrivait à dix heures par le train de Nice, pour remercier saint Antoine de la guérison inespérée d'un petit neveu.

*
* *

Parmi les visiteurs profanes, dont il nous faut bien dire un mot, on serait surpris que nous ne mentionnions pas spécialement nos officiers de marine. Ce sont les meilleurs clients de l'ar-

(1) Voir *La grande relique de saint Antoine de Padoue en France, — Le crâne du saint à Cuges,* par l'abbé J.-M. Arnaud, curé de Cuges. — Une brochure in-8°.

rière-boutique. Un capitaine de vaisseau, aussi bon marin qu'excellent chrétien, me disait un soir dans l'arrière-boutique : « Vous ne sauriez croire combien, à bord, on s'occupe de saint Antoine. Quand on a épuisé les sujets de conversation, les faits et gestes du saint dans l'arrière-boutique sont encore un de ceux sur lesquels on revient le plus volontiers. Chacun raconte son histoire, souvent avec des détails de fantaisie, cela va sans dire. Mais sous les fioritures du narrateur, plus ou moins bien renseigné, on retrouve les faits connus. » Cet officier, qui commandait alors un des plus beaux croiseurs de l'escadre, effectuait, à ce moment-là, des essais. Pour nous montrer à quel point saint Antoine est en renom dans la marine, il nous contait que récemment un amiral lui avait dit : « Voyez-vous, tant que vous n'aurez pas intéressé saint Antoine à votre affaire, cela ne marchera pas. » « Et de fait, ajouta le commandant, nous venons de faire nos essais de vingt-quatre heures ; ils ont été des plus satisfaisants. J'avais promis une offrande à votre saint et je la lui apporte. »

Mais quel plus gracieux témoignage de la popularité du thaumaturge dans la marine que le trait suivant !

Dans les derniers jours de novembre dernier, un garçon de restaurant apportait à l'arrière-boutique deux magnifiques bouquets de fleurs :

roses, œillets, mimosas, etc., disposées artistement en gerbe et retenues par de larges nœuds de rubans de soie rouges et bleus : « Mademoiselle, dit-il, c'est de la part de MM. les officiers du *Troude*. Ils viennent d'offrir un dîner d'adieu à leur commandant, à propos du désarmement de ce croiseur, et, à la fin du repas, ils m'ont dit de porter ces deux bouquets qui décoraient la table, à l'arrière-boutique de saint Antoine. Ils m'ont bien recommandé de n'y pas manquer. « Si vous n'y allez pas, m'ont-ils dit, nous le » saurons! »

*
* *

Inutile de dire que l'intendante, toujours égale, est aussi à l'aise avec ces visiteurs de marque qu'avec les plus humbles clients du Père des Pauvres.

Un soir, un amiral en uniforme, venu là pour la première fois avec son aide de camp, ému du récit que mademoiselle Bouffier lui faisait des merveilles de saint Antoine, qu'il écoutait, adossé au comptoir du magasin, pendant que les visiteurs entraient et sortaient devant lui, se prit à dire :

— Il faut croire, mademoiselle, que si saint Antoine vous a choisie pour la dispensatrice de ses trésors, c'est qu'il a jugé...

L'Intendante vit venir le compliment et, par

une parade rapide, elle l'écarta. Interrompant son éminent interlocuteur avec sa vivacité méridionale :

— Oui, amiral, dit-elle, il a jugé... qu'il lui fallait une domestique de bonne humeur et qui ne boude pas à la besogne...

Ce sont ces ripostes, nous l'avons vu cent fois, qui déconcertent le plus les étrangers venus en curieux, l'air confit, et qui, sur la foi de la renommée, comptent trouver là quelque dévote aussi renfrognée que mystique. Un Parisien, un jour, lui confessa ingénument sa surprise :

— Je m'attendais, lui dit-il, à trouver une béate !

— Et ce n'est pas ça, reprit en riant mademoiselle Bouffier.

— Non, pas du tout !. . Et alors, on ne vous canonisera pas?...

— Il n'y a pas d'apparence, ajouta-t-elle.

CHAPITRE DEUXIÈME

LA DIFFUSION DE L'ŒUVRE

Peut-être, en lisant la liste des personnages notables dont nous avons cru devoir signaler la visite, quelque lecteur se sera-t-il étonné que nous n'ayons pas mentionné le T. R. P. Marie-Antoine. Se pourrait-il que le grand voyageur du saint, celui qui a le plus fait pour propager l'œuvre du pain, dont le petit livre : *Les grandes gloires de saint Antoine* (1) s'est vendu à plus de deux cent mille exemplaires, ne fût plus revenu dans cette arrière-boutique si éloquemment magnifiée par lui ! A Dieu ne plaise ! Il en eût trop coûté au vénéré religieux de ne plus revoir ce Bethléem, cette petite *maison du pain*, comme il l'appelle dans son style si pittoresquement

(1) Oudin, éditeur.

imagé et tout imprégné de parfums bibliques.

Nous avons eu la grande joie de revoir à plusieurs reprises le vénéré religieux, ainsi que nous allons le raconter ; mais il méritait bien, l'excellent Père, un chapitre spécial. Il serait difficile, d'ailleurs, de séparer sa personnalité de la diffusion de l'œuvre qui a été sa mission propre.

Nous comptons de lui quatre visites à Toulon, depuis l'année 1894.

Le jeudi 14 février 1895, il nous arriva dans le même train qu'un pamphlétaire trop célèbre; et pendant qu'un peloton de socialistes, grossis de pas mal de badauds, acclamaient, dans les rues de Toulon, Rochefort le sceptique qui se fait des rentes de millionnaire en empoisonnant ses lecteurs, le vénéré capucin se voyait entouré à l'arrière-boutique de tous les amis de saint Antoine, parmi lesquels le bruit de sa venue s'était rapidement répandu.

Il y aurait matière à un piquant rapprochement entre le journaliste impie et jouisseur qu'applaudissait frénétiquement ce peuple abusé auquel il n'a, de sa vie, jamais rendu le moindre service, et ce pauvre vieux moine usé par les austérités et les labeurs de l'apostolat, qui, après une existence tout entière consacrée au service de Dieu et de ses frères, n'a pas même acquis le droit de faire respecter sa robe de bure, s'il plait à un juif ou à un franc-maçon de la traîner dans la boue, ou de la ridiculiser.

Nous revîmes le P. Marie-Antoine le 28 novembre 1895 ; puis en mai 1896, et enfin, le 28 juin 1897. Mais ce fut toujours en courant, entre deux trains, sauf en mai 1896 où, appelé par M. l'abbé Pastoret, aumônier du cercle catholique, il vint prêcher un *Triduum* aux ouvriers, suivi d'un autre à la cathédrale, et présida (le 5 mai) un pèlerinage à Cuges, qu'il fallut improviser pour donner satisfaction au désir ardent qui le dévorait d'aller vénérer l'insigne relique du thaumaturge.

Il a chanté, comme lui seul sait le faire, les allégresses que son passage à Toulon lui procura, dans un article que les *Annales de l'Arrière-Boutique* publièrent le 1er juin suivant. En voici un passage :

« Les mêmes joies que goûta le Roi-Prophète quand il lui fut dit : « Tu iras dans la maison du Seigneur, tu arrêteras tes pas dans le parvis du temple où il a fixé son séjour », nous les avons goûtées nous-même quand la Providence nous a ramené dans l'arrière-boutique de Toulon où le *Saint aux Miracles*, le grand thaumaturge a fixé son séjour.

» Que n'avons-nous la harpe d'or du Roi-Prophète pour les chanter !

. . . .

» On dit que rien, sur la terre, n'est beau comme les campagnes fleuries, le ciel d'azur et les rives ensoleillées de notre chère Provence, et avec raison. Les Empereurs, les Princes et les Rois ne viennent-ils pas y chercher leurs délices? Mais mille fois plus que ces campagnes fleuries, ce ciel d'azur et ces rives ensoleillées, ô petite arrière-boutique, que tu es belle et chère à nos cœurs! Le glorieux thaumaturge n'a eu qu'à y paraître pour en faire un petit paradis.

» Oui, l'arrière-boutique où il est entré par miracle, et où il a fixé son séjour, a immédiatement éclipsé toutes ces beautés ensemble et fait goûter à l'âme mille fois plus de bonheur.

» De tous les points de la terre tous les cœurs se tournent vers elle ; plus de vingt-deux mille lettres y sont envoyées chaque année, plus de cent vingt mille francs de pain y sont distribués aux pauvres; les pèlerins s'y succèdent sans trêve; les évêques, les amiraux, les commandants et capitaines s'y mêlent aux pauvres et aux ouvriers, et la grande dame y prie à côté de l'humble servante.

» Pour la troisième ou quatrième fois, il vient de nous être accordé de voir de nos yeux ces merveilles et de constater une fois de plus ce miracle permanent. Si le doigt de Dieu est quelque part, il est là : « *Digitus Dei est hic* ». Si quelque part son intervention divine est éclatante, c'est bien ici qu'elle éclate : « *Et hoc est mirabile in occulis nostris.* »

***

De l'attachement du bon P. Marie-Antoine à la chère œuvre et au berceau qui la vit naître, il ne nous serait que trop aisé de multiplier les témoignages. Ah! ce n'est pas devant lui qu'il faudrait insinuer que ce n'est peut-être pas à Toulon que le Pain des Pauvres a pris naissance.

Il a répondu certain jour, aux détracteurs malavisés de l'arrière-boutique, en des termes qui auraient dû leur interdire la récidive. C'est une déposition qui a sa place toute indiquée dans ces pages, d'autant qu'elle contient, sur la façon dont l'œuvre fut divulguée, en 1892, lorsqu'il en eut fortuitement découvert l'existence, des détails curieux et circonstanciés qui montrent comment Dieu se joue des vaines précautions de la prudence humaine, quand il veut glorifier ses saints.

Le R. P. Marie-Antoine venait de recevoir à Toulouse la lettre du 15 novembre 1892 dans laquelle mademoiselle Bouffier lui racontait comment l'œuvre était née et s'était développée, et il avait hâte de la faire publier, lorsqu'à sa grande douleur il se heurta à un refus catégorique de la part du directeur de la petite feuille religieuse à laquelle il croyait, dans son enthousiasme, apporter une primeur de choix. En ce monde, hélas ! tout dépend du point de vue.

Mais laissons-le nous raconter lui-même ce très curieux épisode. Il nous écrivait :

« Il faut, vous l'avouerez, mon cher ami, avoir l'esprit bien petit et le cœur plus petit encore pour marchander ici son admiration, et chercher à ravir à l'arrière-boutique de Toulon la gloire d'avoir été le berceau de l'œuvre admirable du Pain des Pauvres.

» Comment ne pas rendre les armes devant des faits éclatants comme le soleil ? La Providence m'en ayant fait l'heureux témoin, quel bonheur de leur rendre, ici, une fois de plus, un solennel témoignage !

» Pour cela il est bon de vous raconter toute l'histoire ; vous pourrez la placer dans les belles pages que vous préparez encore pour la gloire de notre saint dans son arrière-boutique.

» Dès l'enfance je connaissais et aimais cet admirable saint. J'eus le bonheur de recevoir son nom, quand je pris l'habit religieux ; aussi avais-je composé des cantiques en son honneur et je désirais posséder une parcelle de ses reliques. De là mes rapports avec Dom Locatelli de Padoue, ce grand zélateur de son culte. Celui-ci, ayant déjà établi une association littéraire en son honneur et voulant la transformer en pieuse confrérie, me pria de lui prêter mon concours et m'appela pour cela à Padoue.

» Avant de m'y rendre, j'eus l'occasion de passer à Toulon, comme vous l'avez raconté. On m'y parla de mademoiselle Louise Bouffier et de son œuvre. N'ayant pas le temps de m'arrêter, je pris son adresse et, dès mon arrivée à Toulouse, j'écrivis à la bonne demoiselle pour lui demander des renseignements très précis. J'en reçus l'admirable lettre bien connue; sa lecture m'arracha des larmes.

» Je m'empressai de la porter au rédacteur de la *Semaine catholique* de Toulouse, le priant de l'insérer.

— » Je m'en garderais bien, dit celui-ci.
» N'avez-vous pas érigé vous-même le culte de
» saint Antoine de Padoue dans ma paroisse
» pour mon œuvre des Écoles? Et maintenant
» vous voudriez détourner les ressources et les
» faire envoyer à Toulon? Non, non, n'y comptez
» pas; je ne puis insérer cette lettre. »

» Prières, supplications, rien n'y fit. Je me retirai lui laissant quand même la lettre, et priant saint Antoine de défendre lui-même sa cause. Il la défendit si bien que le lendemain je trouvais la lettre insérée dans la *Semaine catholique*, et à la place d'honneur.

» Toutefois, le rédacteur avait eu soin de supprimer la signature de mademoiselle Louise Bouffier et son adresse. Vous devinez aisément pourquoi.

» Mais ne craignez rien ; saint Antoine, plus habile que lui, lui fit oublier que le nom de la ville de Toulon se trouvait à la première ligne.

» Ce fut assez. Dès le même jour une multitude de lettres sont envoyées à Toulon à l'adresse de la boutique de saint Antoine (1). Les employés de la poste secondant le saint, le succès de l'œuvre du Pain des Pauvres fut dès lors assuré, et dans quelques jours, vous l'avez admirablement raconté. Voilà l'œuvre généralisée dans toute la France, et bientôt dans tout l'univers.

» Mon petit livre des *Grandes Gloires de saint Antoine*, tiré bientôt à plus de *deux cent mille exemplaires*, a grandement favorisé cette si rapide et si prodigieuse extension.

« C'est merveilleux, m'écrit sans cesse made-
» moiselle Bouffier, c'est merveilleux ! Mon Père,
» prêchez partout notre œuvre si chère ; qu'il n'y
» ait pas une paroisse où elle ne s'établisse. » Son vœu est accompli.

(1) C'est à ce fait qu'il faut attribuer l'étrangeté de la suscription de beaucoup de lettres adressées à mademoiselle Bouffier. On écrivait : *A la demoiselle qui s'occupe de saint Antoine à Toulon ; à la Directrice de l'œuvre, Toulon ; à saint Antoine Toulon (Var), etc., etc.*

» Voilà les faits et les faits à la lettre.

» C'est de l'arrière-petite-boutique de Toulon, et comme je viens de le rapporter, que l'œuvre du Pain des Pauvres a pris son essor. Jamais auparavant, ni à Padoue, ni en France, ni en aucun lieu du monde, on n'en avait eu la moindre pensée. C'est un fait, et que dire contre un fait? Il n'y a qu'à se taire, et à adorer à la fois l'infinie puissance, l'infinie sagesse et l'infinie bonté de Dieu.

» La puissance infinie se révèle dans cette œuvre par les miracles incessants qui en forment comme la trame.

» Quel miracle d'entrer dans l'arrière-boutique malgré la porte fermée!

» Quel miracle plus difficile encore d'entrer dans la *Semaine catholique*, malgré la volonté bien formelle de son directeur de lui en fermer l'entrée!

» Quel miracle bien plus grand et bien plus difficile encore d'entrer dans tant de milliers de bourses mille fois plus fermées que cette porte et cette volonté, et d'y puiser à pleines mains des millions de kilos de pain pour les pauvres!

» La sagesse et la bonté infinies s'y révèlent dans le choix de la ville de Toulon et dans celui de la plus humble des boutiques de cette ville. Tout ceci a un merveilleux symbolisme.

» Les grandes eaux de la mer baignent Toulon

et ces eaux sont pleines d'amertume. Si une petite goutte d'eau douce venant à tomber dans ces grandes eaux en faisait tout à coup disparaître l'amertume et la changeait en douceur, quel miracle! Il n'y aurait pas assez de voix pour le proclamer! Et cependant, par l'œuvre du Pain des Pauvres, ce miracle s'opère chaque jour. Quelles eaux pleines d'amertume inondent en ce moment la terre! et voilà tout à coup la petite goutte d'eau qui sort de l'arrière-boutique de Toulon, changeant en douceur toute cette amertume! Ainsi, sous la main de Bernadette, sort tout à coup de terre l'eau suave qui a guéri tant de douleurs!

» Le choix de l'Arrière-Boutique n'est pas moins symbolique. Saint Antoine de Padoue, voulant se faire commerçant et gagner de l'argent pour nourrir ses pauvres, pouvait-il mieux s'établir que dans une boutique? Oh! chère petite boutique, tu seras certainement transformée un jour en grande basilique!

» Voilà bien des miracles et de merveilleux rapprochements.

» Celui qui ne verrait pas là le doigt de Dieu serait bien aveugle.

» Et tous ces miracles ne sont faits que pour préparer le plus grand de tous : le triomphe de Dieu sur ses ennemis, francs-maçons, juifs et hérétiques de toute espèce.

» Voilà les ennemis qu'écrasera bientôt notre grand Thaumaturge : n'est-il pas le marteau des hérétiques ?

» Qui aurait cru que le salut nous viendrait d'un coin obscur d'une arrière-boutique? Et cependant qui peut s'en étonner? N'est-il pas sorti du coin bien plus obscur de la grotte de Bethléem? Et ne le voyons-nous pas sortir chaque jour du coin cent fois plus obscur de la grotte de Lourdes? Ainsi Dieu se plaît à confondre les superbes et à exalter les petits.

» Donc, espérance, espérance et gloire à Dieu au plus haut des cieux et à notre grand et bien aimé Thaumaturge.

» Tout vôtre, cher ami, oui, tout vôtre dans le cœur de Jésus.

» P. Marie Antoine. » (1)

*
* *

Si déjà, il y a quatre ans, nous renoncions à retracer le tableau des développements déconcertants de l'œuvre du Pain, dans l'impuissance où nous nous trouvions d'être complet, on comprendra qu'actuellement cette entreprise soit devenue totalement impossible. Est-elle même au fond bien utile? Il serait en effet plus facile de dire où l'œuvre n'est pas, que d'énumérer les

(1) Lettre à l'auteur, du 27 novembre 1895.

églises, chapelles, communautés où elle fleurit. Ce n'est pas seulement dans la France entière qu'elle s'est répandue « avec une rapidité qui tient du miracle », suivant le mot de Mgr d'Hulst; c'est dans le monde entier, dans l'ancien et dans le nouveau continent. C'est dans les îles perdues de l'Océanie aussi bien qu'à Rome, sous les yeux du souverain Pontife, avec l'approbation du cardinal-vicaire, que saint Antoine, à l'exemple de ce qui se pratique à Toulon, « est invoqué à la fois comme pourvoyeur des pauvres et comme bienfaiteur de ceux qui les assistent ».

De la renommée de l'arrière-boutique et de sa notoriété dans les bureaux de poste, même à l'étranger, nous ne croyons pas qu'on puisse trouver un témoignage plus réussi que le suivant :

Le 17 mai 1896 parvenait d'Ellwangen (Wurtemberg), à l'arrière-boutique, une lettre dont l'enveloppe ne portait pas le nom de la ville destinataire. Le correspondant avait simplement écrit : « Mademoiselle Bouffier, rue Lafayette, 11, » avec le numéro en chiffres romains. Ni Toulon, ni France. Où envoyer cette lettre? Un employé de la poste avait écrit au crayon bleu *ubi* (*où?*). Mais un collègue mieux informé ajouta sur l'enveloppe, à l'encre rouge, le mot *Toulon* souligné d'un gros trait.

Et la lettre qui contenait dix marks, pour une

« grande affaire », est arrivée sans encombre à l'arrière-boutique.

En Allemagne, en Autriche, en Hongrie, en Russie, au Canada, aux États-Unis, saint Antoine de Toulon compte d'innombrables correspondants, et c'est de plus loin encore que lui viennent des pèlerins.

C'est du fond de l'Amérique du Sud, de Caracas (Vénézuela), qu'un prêtre et trois religieuses arrivaient le 22 juillet dernier. En Europe depuis quelques semaines, c'est uniquement pour avoir la consolation de visiter l'oratoire privilégié qu'ils s'étaient, entre deux trains, arrêtés à Toulon où rien autre ne les attirait.

Le prêtre était M. l'abbé F. Machado, fondateur et supérieur d'une congrégation de religieuses : *Les petites sœurs des pauvres de Maiquetia*, spéciale au Vénézuela, et les religieuses étaient trois sœurs de cette congrégation.

Le prêtre, grave, sérieux, distingué, s'exprimait parfaitement en français ; les religieuses, modestes, réservées, silencieuses, écoutaient les détails que leur guide leur donnait en espagnol.

L'Intendante vit, pourtant, tout de suite, qu'elle n'avait pas grand'chose à apprendre à M. l'abbé Machado sur les origines de l'œuvre. Il en avait lu l'histoire, et s'orientait tout seul dans l'oratoire, en en détaillant du regard l'ameublement.

Il raconta que l'œuvre du pain était établie depuis deux ans dans les trois maisons *de las Hermanitas de los Pobres*, et qu'elle faisait merveille. C'est de mille à deux mille francs par mois que les troncs produisent. Les grâces obtenues sont nombreuses, comme partout, et pour les faire connaître, et propager de plus en plus la dévotion de saint Antoine au Vénézuela, M. l'abbé Machado, depuis environ six mois, publie une revue mensuelle sous ce titre : *Boletin del pan de san Antonio.*

En voyant défiler, sous ses yeux, les visiteurs, dans un va-et-vient ininterrompu, il dit à mademoiselle Bouffier : « Ce n'est pas seulement dans un sanctuaire que nous avons installé la statue de saint Antoine à Caracas. C'est dans la rue, mademoiselle, que nous avons voulu le faire honorer. Oui, en pleine ville de Caracas, sur la voie publique qui va du théâtre municipal au pont de Saint-Paul, dans l'enfoncement d'une façade, protégée par une grille, s'élève une magnifique statue que nous avons fait venir de Paris et qui ne cesse pour ainsi dire pas un instant de recevoir les hommages des passants. C'est une chose touchante de voir avec quelle piété on vient s'agenouiller en public, sur la chaussée, et y chanter les cantiques ; à chaque instant les équipages s'arrêtent et les gens descendent de voiture pour prier saint Antoine. Il y a là, parfois, de trente à quarante personnes agenouillées, surtout le mardi. »

Pendant que nous écoutions avec ravissement ces détails, les trois religieuses prosternées dans l'oratoire priaient avec une ferveur admirable. Leur guide les rejoignit, et, s'agenouillant derrière elles, entonna à mi-voix l'antienne de saint Bonaventure, *Si quæris*, traduite en vers espagnols. Les sœurs unirent leurs voix à la sienne, et ce chant doux et pieux, d'une saveur exotique pénétrante, vous allait à l'âme.

On ne pouvait se défendre d'une vive émotion en voyant avec quel esprit de foi et quelle ardente piété ces intéressants pèlerins priaient dans cet oratoire dont les merveilles étaient venues jusqu'à eux, de si loin, à travers l'immensité de l'Océan.

Aux pieds de la statue, peu d'instants auparavant, une visiteuse avait déposé un superbe bouquet de fleurs fraîches : roses, œillets, jasmins, héliotropes, mimosas, dont l'arrière-boutique était tout embaumée.

M. l'abbé Machado, timidement demanda à l'Intendante la permission d'emporter cette gerbe de fleurs de France.

— Mais quoi, lui dit-elle, ces fleurs, dans quelques heures, seront fanées.

— Oh ! cela ne fait rien, reprit-il ; nous avons une petite caissette où nous les renfermerons, car nous voulons l'emporter en Amérique, comme une... relique, un souvenir de l'arrière-boutique.

Mademoiselle Bouffier acquiesça avec joie, et offrit ensuite à ses visiteurs quelques statuettes et photographies, qui furent acceptées avec reconnaissance.

Seul, M. l'abbé Machado avait, jusque-là, pris la parole, et les religieuses, modestement, s'étaient bornées à écouter les explications qui leur étaient données par lui. Peut-être ne parlaient-elles pas le français? Eh bien, c'est ce dont l'Intendante n'est pas très sûre. Car, au moment de prendre congé, leur ayant demandé la permission de les embrasser toutes trois, l'une d'elles, à son oreille étonnée, murmura doucement : « Merci, mademoiselle, pour toutes vos bontés. »

*
* *

Mais ce n'est pas seulement au loin que l'arrière-boutique est connue, on a recours à elle aussi en haut, en très haut lieu. C'est dans les rangs les plus élevés de l'aristocratie de tous les pays de l'Europe, que se recrute une partie notable de sa clientèle. Le nom de madame la duchesse d'Alençon, l'héroïque victime de la catastrophe du Bazar de la Charité, pour ne citer que celui-là, est inscrit sur le livre des recettes de l'Intendante. Et le fait suivant suffira à prouver qu'il n'y a point de sphère, si élevée soit-elle, où le bruit des prodiges que saint Antoine opère dans son oratoire de Toulon ne soit parvenu.

Le 18 août 1896, le facteur remettait à l'Intendante 100 florins, soit 209 fr. 86 centimes, montant d'un mandat international, qui lui était adressé par le F. Lucas Wolf, gardien du couvent des RR. PP. Capucins de Vienne (Autriche).

Au revers de la mince bande de carton que doit détacher le destinataire du mandat, étaient écrites les lignes suivantes :

« *50 fl. in gratiarum act. pro partu filii Archid. Frederici ;*

« *50 fl. pro serenitate aëris occasione alicujus beneficiariæ festivatis* (1).

» F. LUCAS. »

* * *

Partout, chez tous les peuples, à tous les degrés de la hiérarchie sociale, on invoque donc à cette heure saint Antoine ; partout on prie et on fait l'aumône en son nom. Il est véritablement venu réapprendre au monde la prière et la cha-

(1) « Je vous envoie 50 florins en action de grâce pour l'heureuse naissance du fils de l'Archiduc Frédéric ;

» Et 50 florins pour remercier du beau temps accordé à l'occasion d'une fête de bienfaisance. »

rité. Et c'est le salut qu'il nous apporte ainsi, si nous savons le comprendre. En enseignant au riche, trop enclin à l'égoïsme, à se détacher de ses trésors ; au pauvre, trop facilement porté à l'envie, à demander, avec confiance, son pain de chaque jour à ce Père céleste qui ne le refuse jamais à ceux qui s'en remettent à sa Providence, il est venu nous montrer à quelles conditions la question sociale peut être résolue, et la paix rétablie dans le monde.

Le saint religieux qui, à son lit de mort, annonçait, il y a *une vingtaine d'années*, les gloires futures de saint Antoine de Padoue, son saint de prédilection, est resté bien au-dessous de la réalité dans sa prédiction. « Maintenant, en » France, disait-il, on parle peu de ce saint, » mais le jour approche, et vous le verrez, où il » sera le *grand saint de la France* : on lui élèvera » partout des autels, on le priera dans toutes les » églises et toutes les maisons. Il sauvera la » France et préparera le triomphe de l'Église. »

Ces paroles prophétiques que confirment, en les dépassant, les événements dont nous sommes les heureux témoins, ont été recueillies par le T. R. P. Marie-Antoine, de la bouche même de l'ami auquel « le voyant » les adressait avant de mourir.

Non, saint Antoine n'est pas seulement le saint de la France ; c'est le saint du monde entier, le saint de toutes les classes de la société, et aucun autre titre ne lui convient mieux que celui qui lui a été décerné par Léon XIII : c'est le *saint universel*.

CHAPITRE TROISIÈME

CE QU'ON TROUVE DANS LE TRONC MIRACULEUX

— « Nous venons voir le lieu où saint Antoine fait tant de miracles, disent parfois les étrangers, en entrant.

— « Des miracles! répond invariablement l'Intendante, notre saint, messieurs, n'en fait point ici. Pour mon compte, je ne me souviens pas d'en avoir vu un seul. Des miracles, y pensez-vous? Ce serait trop fort pour les tempéraments d'à présent. Pendant que les uns n'y croiraient pas, les autres en voudraient tous les jours. Mais des choses simples, naturelles, qui semblent arriver d'elles-mêmes, tant elles tombent à propos, de petites faveurs, des guérisons, des succès aux examens, des avancements, le gain d'un procès, rien qui sorte en somme de l'ordinaire de la vie, des choses qui se voient tous les jours. On ne peut vraiment pas appeler cela des miracles. Mais comme saint Antoine est venu rappeler à nos chrétiens, et même aux autres, que rien n'arrive sans la volonté de Dieu, et que la prière est le moyen qui nous a été donné pour nous rendre favorable cette volonté, cela ne laisse pas de faire impression et d'accoutumer doucement les esprits à recourir, dans leurs nécessités, à l'intervention des saints. Cela les familiarise avec le surnaturel. Mais surtout ici, dans son oratoire, ajoute l'Intendante, je vous assure que notre bon saint n'a jamais fait d'autres miracles que d'emplir chaque jour ce petit tronc que nous vidons tous les soirs. »

Convenons que c'est tout de même un miracle qui en vaut un autre, et plus extraordinaire que beaucoup d'autres, étant surtout donnée l'époque.

C'est le témoignage qu'en peuvent rendre tels et tels curés qui, pour faire comme tout le monde, s'étant décidés, peut-être un peu malgré eux, à installer dans leurs églises la statue de saint Antoine, et à mettre un tronc nouveau, ont vu, chose véritablement inouïe, ce tronc s'emplir comme par enchantement, et produire en un mois, à lui seul, autant et même plus que tous les autres troncs réunis, pendant une année! Si quelqu'un d'entre eux connaît à ce phénomène une explication *naturelle*, il n'a qu'à le dire.

Les bonnes sœurs de Saint-Vincent-de-Paul

qui dirigent à Portici, près de Naples, un orphelinat de petites filles, ont, sans la moindre hésitation, trouvé le nom qui convenait à la chose. La charité envers les pauvres n'était guère en honneur autour d'elles; elles étaient souvent fort en peine, les saintes filles, pour assurer l'existence de leurs pupilles. Ayant appris le moyen imaginé par saint Antoine pour attendrir les cœurs et ouvrir les bourses, elles eurent l'idée de traduire en italien les passages principaux du livre de l'*Arrière-Boutique* et d'en faire des copies manuscrites qu'elles firent lire dans leurs classes et circuler au dehors.

Et voilà que la charité s'éveille dans la petite ville de Portici, et que le tronc des offrandes s'emplit à leur porte. Et, *tous les mois*, elles recueillent de cent quarante à cent soixante francs ! Vous entendez bien, *tous les mois!* Or, savez-vous ce qu'auparavant elles recevaient, *dans l'année*, pour les pauvres? Pas même dix francs! Comment ne crieraient-elles pas au miracle?

Oui, voilà le miracle; et il se continue, non point exceptionnellement ici ou là, mais partout. Si c'est une mode, ainsi que d'aucuns le disent, tout en s'y soumettant comme les autres, pour ne pas se singulariser évidemment, — si, dis-je, c'est une mode de se dépouiller au profit des pauvres, la persistance de cet engouement, plus invraisemblable à notre époque qu'à aucune autre, est bien faite pour déconcerter les économistes. Parmi les moyens proposés pour résoudre efficacement la question sociale, aucun d'eux ne s'était certainement imaginé de préconiser la prière, l'aumône et l'invocation des saints.

*
* *

A l'encontre de ceux qui ne se sont jamais vantés de ce que leur procure le tronc de saint Antoine, — de peur sans doute d'exciter la convoitise, — l'Intendante n'a jamais fait mystère de ses recettes. Nous avons dit ailleurs ce qu'elles avaient été depuis le jour où on commença à les enregistrer, c'est-à-dire pendant les années 1892, 93, 94. Le lecteur est certainement curieux de savoir si, depuis lors, saint Antoine « a bien travaillé ». Il en va juger par le chiffre de ses affaires, dont voici le tableau complet :

1892.	5,443 fr.	90
1893.	38,481	85
1894.	108,506	»
1895.	120,902	25
1896.	127,922	70

La question qui se posait devant cette progression constante des recettes, était de savoir si elle pourrait se maintenir.

Disons tout de suite que l'Intendante ne l'a pas cru un seul instant. Elle peut, d'ailleurs, se rendre le témoignage qu'elle n'a jamais rien négligé pour se susciter des concurrents.

Quand, en décachetant son courrier, elle trouvait la lettre d'un curé lui envoyant son offrande, elle ne pouvait se tenir de dire : « Il ferait bien mieux d'installer l'œuvre chez lui. » Et à combien de prêtres, et même de laïques, n'en a-t-elle pas suggéré l'idée ! C'est donc bien gratuitement qu'une publication religieuse, très bien intentionnée, d'ailleurs, écrivait en juin 1895, à propos de l'Œuvre du Pain :

> Cependant, à *Toulon*, à Toulouse, à Bordeaux, ailleurs, on disait : « Ne laissons pas trop multiplier la dévotion dont nous avons le monopole, nous n'aurions plus rien. »

Il se peut, nous n'en disconvenons pas, que certains bénéficiaires des largesses de saint Antoine ne se soient pas suffisamment défendus contre ce sentiment trop humain, — la lettre du bon P. Marie-Antoine qu'on vient de lire ci-dessus en est la preuve, — mais, non seulement l'Intendante n'a jamais tenu le propos qu'on lui prêtait, mais c'est exactement le contraire qu'elle n'a cessé de dire et d'écrire. Aussi se prit-elle à sourire lorsqu'on lui montra ces lignes, un peu hasardées tout de même, pour n'être, dans la pensée de leur auteur, comme il faut le supposer, qu'une manière comme une autre de parler.

Or, à l'heure présente, l'œuvre est trop répandue, les troncs se sont trop multipliés, ce dont il faut grandement se réjouir, loin de s'en plaindre, pour que les recettes ne s'en ressentent pas à Toulon, comme à Bordeaux, à Paris et ailleurs. On ne donne pas moins, tous les curés seraient là pour le dire, mais on donne dans un plus grand nombre d'endroits à la fois, la pluie incessante des offrandes arrose une plus vaste étendue et les ressources s'égalisent. Ce qui n'a pas empêché cependant que l'année 1897 n'ait encore produit à l'arrière-boutique un total de recettes de 96,816 fr. 75.

Soit, depuis l'année 1892, une somme de *quatre cent quatre-vingt-dix-huit mille soixante-treize francs* distribuée aux pauvres.

*
* *

Mais grâce au procédé employé par l'Intendante dans la distribution des aumônes, en ne servant les secours qu'à tour de rôle, au fur et à mesure des recettes, sans jamais thésauriser, cette diminution, qui aurait bouleversé l'économie d'une organisation faite de toutes pièces, avec un budget arrêté d'avance, n'a pas eu les inconvénients qu'on pourrait supposer. Ceux qui mangent le pain du bon saint le reçoivent à des intervalles plus espacés. Ils n'en prient que mieux, pendant qu'ils l'attendent. « — Car ce retard a eu ce bon côté, nous disait mademoiselle Bouffier, d'exciter nos pauvres à recourir avec plus d'ardeur à la prière, afin que saint Antoine se montre prodigue de grâces à l'égard de leurs bienfaiteurs. C'est un stimulant. »

— « C'est votre faute, aussi, dit-elle à ses orphelins, à ceux et celles qui participent aux distributions, c'est votre faute si le pain diminue; vous ne devez pas le demander avec assez d'ardeur et d'insistance, vous imaginant peut-être qu'il vous est assuré. »

Et, de temps en temps, elle leur rappelle le devoir de prier trois fois par jour, les bras en croix, à l'intention de leurs pourvoyeurs inconnus. « N'oubliez pas, leur dit-elle, que ce qui fait la force de notre chère œuvre du Pain, c'est la prière. C'est en ne négligeant pas d'y recourir assidûment que nous mériterons de ne pas voir se tarir nos ressources providentielles. »

Ajoutons que si l'Intendante, à l'occasion, sait défendre avec une maternelle sollicitude le pain de ses pauvres, lorsqu'il leur a été promis, et qu'ils ont prié pour l'avoir, jamais il ne lui est arrivé de prétendre que c'était chez elle, spécialement, qu'il fallait envoyer les offrandes. Sa circulaire primitive (1) le prouve, et on ne peut nier à voir « la concurrence effrénée » qu'elle s'est

(1) *L'Arrière-Boutique et le Pain des Pauvres*, page 235.

bénévolement suscitée, que ce prospectus qu'elle continue à semer aux quatre coins de l'horizon, et qui, humainement, est une maladresse, n'ait joliment produit son effet.

Ce que nous avons le devoir d'ajouter, pour être véridique jusqu'au bout, c'est que plus souvent qu'on ne croirait, — nous en donnerons la preuve au cours de notre récit, — il arrive que des correspondants, momentanément infidèles, reviennent à l'arrière-boutique en désespoir de cause, et y obtiennent, de leur propre aveu, des grâces vainement demandées ailleurs. C'est ce qui rassure l'Intendante et lui persuade que saint Antoine n'a pas dit, chez elle, son dernier mot.

Une des principales raisons pour lesquelles on continue à recourir, de toutes parts, à Toulon, c'est que la prière y est organisée en faveur des clients du bon saint.

J'aurais bien donné mon offrande chez moi, écrit une correspondante de Montauban, mais j'ignore si l'on demande des prières aux pauvres en échange du pain, tandis que je suis assurée que les pauvres de vos orphelinats et de vos ouvroirs, vos vieillards et vos religieuses, prieront à mon intention.

Une autre des Pyrénées-Orientales :

Ici, il n'y a aucune religion ; la personne qui

demande est seule à prier, tandis que chez vous, trois fois par jour, des centaines de voix crient à votre saint : « Souvenez-vous de ceux qui deman- » dent. » Aussi, je viens à l'arrière-boutique...

De cette croisade incessante de prières, nous avons un témoignage touchant dans le document par lequel les carmélites de Draguignan faisaient connaître à l'Intendante de quelle façon elles voulaient marquer leur reconnaissance envers tous ceux qui les assistent dans leur pauvreté.

JÉSUS-MARIE-JOSEPH-THÉRÈSE

Nous, Sœur M. Thérèse du Saint-Sacrement, Prieure des religieuses Carmélites du Couvent de Draguignan dit de l'Immaculée-Conception de la Très Sainte Vierge et de notre Père saint Joseph.

Étant assemblées en notre Chapitre, autorisées par Mgr Mignot, Évêque de Fréjus et Toulon, et avec l'agrément de M. le Chanoine Martin, curé-archiprêtre de Draguignan, supérieur délégué de Sa Grandeur près de notre Carmel, pour témoigner notre reconnaissance à mademoiselle Bouffier, intendante de saint Antoine de Padoue, et à tous les bienfaiteurs de l'Œuvre du Pain de saint Antoine de l'arrière-boutique, rue Lafayette, 41, à Toulon, nous les rendons participants, tant durant leur vie qu'après leur mort, de toutes les Oraisons, Prières, Communions, Veilles, Jeûnes, Abstinences, Mortifications, Solitude, Silence, et autres exercices spirituels qui se font chaque jour et qui s'y feront à perpétuité avec la grâce de Dieu.

Fait à Draguignan, en notre dit Monastère, le 21 décembre 1895.

Sœur M. T. MARGUERITE DU SAINT-SACREMENT,
r. c. ind., prieure.

Le 14 novembre 1897, Mgr Joulain, des oblats de Marie, évêque de Jaffna (île de Ceylan), daignait écrire à mademoiselle Bouffier :

« Le jour de Noël, tous nos missionnaires et moi » nous dirons la sainte messe à vos intentions » quelles qu'elles soient. Je tiens à vous prévenir » afin qu'en ce jour béni, vous puissiez diriger vos » intentions vers ce que vous avez le plus à cœur. » Nous sommes trente-cinq missionnaires. »

Les intérêts de ses pauvres étant ce qui lui tient le plus à cœur, ce furent toutes les intentions spirituelles et temporelles de leurs innombrables bienfaiteurs, de ceux qui leur assurent le pain quotidien, que mademoiselle Bouffier présenta à Dieu, le jour de la Noël, pendant qu'à Ceylan l'évêque de Jaffna et ses trente-quatre missionnaires célébraient la messe.

***

Nous devons avouer, cependant, qu'il fallut à l'Intendante un peu d'apprentissage pour s'accoutumer à ces déficits qui, dans le principe, lui causaient quelque déception.

Vers la fin du mois d'août 1895, le chiffre des recettes s'étant trouvé inférieur de 2,400 francs au total des mois précédents, elle en fit, selon sa coutume, de pieuses doléances à son hôte.

— Comment voulez-vous que je fasse, bon saint, lui dit-elle, si vous ne me donnez pas le pain sur lequel comptent nos petits ?

Or, pendant qu'elle le mettait ainsi en demeure de fournir les miches attendues, saint Antoine se disposait à exaucer un voyageur descendu dans un hôtel de Marseille et sur lequel il comptait précisément pour donner satisfaction à son Intendante.

Le 5 septembre, vers les sept heures et demie du matin, il y avait, comme toujours, grande affluence dans l'oratoire ; entre autres visiteurs de passage, un jeune couple en voyage de noces, conduit par un religieux mariste du collège de la Seyne (Var), frère du nouveau marié. Cet étranger ne connaissait pas du tout saint Antoine de la rue Lafayette et l'œuvre du Pain. En se voyant à l'improviste dans ce réduit bizarre, au milieu duquel, à la clarté de quelques cierges, il apercevait des gens agenouillés, il fut pris d'un accès subit de respect humain.

— Allons-nous-en, dit-il à voix basse à son frère ; allons-nous-en, on va se moquer de nous.

— Et pourquoi cela ? dit le religieux. Mais

c'est toute la journée, et tous les jours qu'on vient ici prier de la sorte.

Mais le jeune homme, honteux, mal à l'aise, essayait de fendre la presse pour gagner la porte, quand survint, pour sa première distribution du matin, le facteur de saint Antoine, la figure plus réjouie que de coutume. Il brandissait une lettre ornée de cinq gros cachets rouges, dont le contenu lui avait été révélé par l'enveloppe.

— Mademoiselle, s'écria-t-il, aujourd'hui nous étrennons bien. Préparez votre plume, il faut signer.

Et il déposait, avec respect, la lettre sur le comptoir, en disant à haute voix : « *Valeur déclarée, trois mille francs !...* »

Il n'y eut qu'un cri dans le magasin. Le jeune étranger qui, non sans peine, avait fini par se frayer un passage, et se disposait à franchir le seuil se hâta de revenir sur ses pas, pendant que le facteur, satisfait de l'effet qu'il avait produit, s'en allait tout ému, en oubliant, sur le comptoir, son carnet d'émargement. La nouvelle, comme une traînée de poudre, parcourut instantanément le marché, et la porte du magasin se trouva bloquée. Les maraîchères abandonnent leurs légumes ; des ménagères, des soldats en corvée les suivent ; on s'attroupe sur le trottoir, et c'est en public que mademoiselle Bouffler décachette l'étonnante missive dont elle extrait trois superbes billets de banque de mille francs !...

— Mais, que veut dire?... balbutie le jeune étranger au comble de l'ahurissement. Que signifient ces billets?

— Tout simplement, lui dit son frère, qu'une personne qui demandait une grâce à saint Antoine vient de l'obtenir et qu'elle envoie son aumône.

— Laisse, reprit le jeune homme. Je sens que la confiance me vient. Je vais, moi aussi, prier saint Antoine.

Sur ces mots, il entre dans l'oratoire et s'y agenouille, comme tout le monde.

Quelque temps après, le religieux disait à mademoiselle Bouffier : « Vous vous souvenez de mon frère qui ne voulait pas entrer? Il est en plein dans saint Antoine, maintenant, et il m'écrit qu'il est très content de votre saint. »

Nous n'essaierons pas de dépeindre l'étonnement de l'assistance devant ces trois billets de mille tombés du ciel. Nos braves troupiers, bouche bée, les bras ballants, ne trouvaient pas de mots pour exprimer leur stupéfaction, tandis qu'au milieu des cris d'admiration, une spectatrice traduisait son émotion par ces mots naïfs : « Ça fait venir la chair de poule. »

On reconnaîtra que se servir de billets de banque pour réveiller dans les âmes la foi au surnaturel, est un joli tour de force, à une époque où la soif de l'or détermine tant d'apostasies. Les esprits positifs qui ne se rendent qu'aux faits voudront-ils admettre que la prière ne soit pas une puérilité, en voyant de quel prix on paie parfois les faveurs qu'on obtient par elle?

Voici textuellement la lettre, admirable de simplicité, qui contenait la merveilleuse réponse de saint Antoine aux doléances de son Intendante :

4 septembre 1895.

Mademoiselle,

J'ai l'honneur de vous remettre ici trois mille francs pour l'œuvre du Pain blanc.

Ayant demandé une grâce à saint Antoine de Padoue, j'ai promis de ne pas oublier ses enfants, et je le fais de bon cœur.

Veuillez agréer, mademoiselle, mes respectueux hommages.

Suivait un nom qui m'étonna fort, lorsque mademoiselle Bouffier voulut bien me le confier.

Quelques mois après, lisant dans les journaux de Paris la nouvelle d'une conversion qui fit sensation dans le monde littéraire, je me ressouvins de l'envoi des trois mille francs à l'arrière-boutique et je louai Dieu de ses infinies miséricordes.

*
* *

Dans l'après-midi du mercredi 9 octobre, un religieux Mariste, le R. P. D..., en visite à l'arrière-boutique, s'informait, ses dévotions faites, de la marche de l'œuvre et de ses progrès.

— Eh bien, mademoiselle, êtes-vous contente? ça va-t-il bien ?

— Non, mon Père, pas du tout ; ça ne marche pas en ce moment. Aussi ne suis-je pas contente de saint Antoine. J'en suis à me demander si si nous ne nous brouillerons pas avant la fin du mois, pour tout de bon.

— Oh ! non, reprit le Père, en souriant doucement, vous ne ferez pas cela, mademoiselle ; il ne faut pas se brouiller avec saint Antoine.

— Si, si, vous verrez, à moins qu'il ne se souvienne de tous les pauvres qui attendent leur pain.

Pendant cette conversation, une jeune dame, vêtue de noir, sortait de l'arrière-boutique, traversait, le magasin, en s'effaçant, et gagnait la rue, sans qu'aucune des personnes présentes eût pris garde à elle. Quelques secondes après le religieux sortait à son tour, et s'en allait visiter de vieux amis, de l'autre côté de la rue Lafayette.

Avant de se remettre à dépouiller sa volumineuse correspondance, mademoiselle Bouffier eut l'idée de vérifier le tronc, pour en enlever, comme elle le fait plusieurs fois par jour, la monnaie de billon, et la remplacer par des pièces blanches. La petite boîte, au milieu de pièces d'or et d'argent, contenait, pliée en quatre, une enveloppe de papier bulle, sur laquelle étaient tracés ces simples mots : *Pour les pauvres.*

— Ça ne tinte pas, dit mademoiselle Bouffier, en la secouant. Ce sont des billets, pour sûr.

Elle décachette ce pli mystérieux, et pousse un cri de surprise en en retirant deux billets de banque de mille francs !

— Vite, vite, dit-elle, allez chercher le Père ; priez-le de venir un instant.

On le rattrape, il accourt, et demeure confondu devant la merveille.

— Mais, dit-il, j'ai vu mettre cette enveloppe dans le tronc. Tout à l'heure, pendant que je priais, la dame qui vient de sortir s'efforçait, devant moi, de la faire glisser par l'ouverture, et n'y parvenait pas aisément.

— Mais alors, reprit mademoiselle Bouffier, elle a entendu toute notre conversation, et nos plaintes sur notre bon saint. Devait-elle sourire, tout de même, en pensant à la belle surprise qu'elle nous ménageait ! Et s'en aller sans dire un mot !... C'est admirable !

Il est de fait que la charité faite avec cette simplicité et cette humilité a véritablement quelque chose de sublime.

Il était dit, d'ailleurs, que ce mois-là les billets de mille devaient arriver par couple.

A la première distribution du dimanche 13 octobre, le facteur apportait une lettre chargée, venant de Paris, qui en valait la peine. Elle contenait quatre billets de cinq cents francs et ces mots :

Mademoiselle,

De longue date, et même avant de connaître la grande extension que son culte devait prendre à Toulon, j'avais une confiance illimitée en saint Antoine de Padoue et je l'invoquais dans bien des petits embarras de ma vie. Je n'ai pas hésité à avoir recours à lui dans la crise la plus cruelle de mon existence...

Le grand saint a bien voulu m'entendre encore, et quoique mes affaires ne soient point réglées complètement... je ne veux pas faire attendre plus longtemps aux pauvres de saint Antoine leur part de pain blanc et je vous envoie ci-joint deux mille francs. Je compléterai plus tard cette somme, dans la même proportion, si le grand saint veut bien me continuer sa protection...

*
* *

Une dame, discrète et prudente, disait un jour à l'Intendante :

— Peut-être, mademoiselle, ne devriez-vous pas divulguer ainsi les sommes que vous recevez.

— Pourquoi faire? reprit mademoiselle Bouffier. On doit toujours dire ce que le bon Dieu fait. Ce n'est pas nous qui le faisons, n'est-ce pas? nous n'avons donc pas peur d'en avoir de l'orgueil.

— Sans doute, mais tous les gens n'en jugent pas de même.

— Ah! laissons dire, ajouta-t-elle; marchons tout droit, c'est le plus court, et le plus sûr. Dans la vie, il ne faut pas se tourner.

CHAPITRE QUATRIÈME

LES MALADES SONT GUÉRIS

Dans l'ordre des biens temporels, c'est toujours la santé qu'on demande le plus à saint Antoine. On remplirait des volumes avec le récit des guérisons obtenues de lui, à prix d'or, ou pour une obole, suivant le cas. Aussi, est-ce la rubrique qui revient le plus souvent dans les *Annales* (1) que nous avons dû publier pour répondre aux désirs des nombreux correspondants de l'arrière-boutique.

Des revues antoniennes ont été créées partout pour propager l'œuvre du Pain et en raconter

(1) *Les Annales de l'arrière-boutique de saint Antoine, à Toulon — Œuvre du Pain des Pauvres.* Bulletin mensuel. Le prix de l'abonnement est de 2 fr. 50 pour la France et de 3 fr. pour l'Etranger. Ces *Annales* paraissent depuis le 1er janvier 1896.

les merveilles. Il en existe en France au moins sept, à notre connaissance : l'*Écho de saint François et de saint Antoine*, à Toulouse, rédigé par les Pères capucins ; *la Tribune de saint Antoine*, des frères mineurs franciscains de la rue de Puteaux à Paris : *l'Écho des grottes de Brive*, des franciscains de l'Observance : *le Petit Messager de saint Antoine* de Chambéry ; *le Bulletin du pain spirituel*, d'Aix en Provence ; *l'Écho des œuvres sociales* de l'abbé Fontan, à Tarbes. Il en paraît trois en Belgique, trois ou quatre en Italie, trois en Espagne, dont une à Bilbao, sous ce titre : *El pan de los pobres ;* deux en Hollande, une au Canada, une au Vénézuela, etc., etc. Nous devons certainement en oublier.

Était-il juste que saint Antoine de Toulon n'eût pas son organe? Elle hésita pourtant à s'y résoudre, l'Intendante. Si elle consentit à y prêter la main, ce fut à la condition expresse que rien dans le bulletin n'aurait, de près ni de loin, la moindre apparence de réclame en faveur de l'œuvre de Toulon, mais qu'il serait exclusivement un instrument de propagande, ayant pour but unique la diffusion toujours plus large de l'œuvre du Pain.

« Plus nous parlerons de saint Antoine, plus nous le ferons aimer, » nous disait-elle un soir, à l'époque où nous vint la première idée de rédiger ces *Annales*. «On ne dit pas assez, ajoutait-elle, combien notre saint est bon. Ne serait-ce que pour le raconter à la terre entière, on ne multipliera jamais trop les publications en son honneur. Quelle belle leçon il est venu nous donner ! On ne savait plus se servir de son argent que pour des dépenses de sensualité et d'orgueil. Et voilà que, grâce à lui, des foules innombrables de suppliants en viennent à ne plus accomplir un seul acte de leur vie sans se souvenir du pauvre, leur frère souffrant. C'est un spectacle toujours plus nouveau et plus attendrissant pour moi que ce défilé de croyants venant sans bruit, sans ostentation, déposer, dans le pauvre tronc de bois, les uns un peu de leur superflu, les autres, parfois, une large part de leur nécessaire. Et sur tous les visages resplendit comme un rayonnement divin. Ils sont venus se dépouiller, et ils sont heureux !... N'est-ce pas extraordinaire? On n'avait encore rien vu de semblable. Et tous ces gens si joyeux de donner, reviennent toujours plus contents à mesure qu'ils donnent davantage. »

L'Intendante avait bien raison, et c'est véritablement une merveille que la foi avec laquelle on se dépouille aux pieds de saint Antoine.

Un matin, une jeune dame arrivée d'Hyères, par le premier train, se rendait à l'arrière-boutique :

« Mademoiselle, dit-elle, j'accours remercier

saint Antoine de m'avoir conservé ma fille. Je n'ai qu'une enfant, elle a huit ans, et sa santé vient de me causer d'horribles inquiétudes. Elle a eu successivement plusieurs maladies qui ont failli me l'enlever. Quand je la vis si malade, je me tournai vers votre saint. « Oh ! bon saint Antoine, lui ai-je dit, si vous guérissez mon enfant, je vous donnerai toutes mes économies personnelles. » Il m'a exaucée ; j'ai pris ce matin dans mon tiroir tout ce que j'avais, sans compter, et je vous l'apporte. »

Et elle remit dans les mains de mademoiselle Bouffier un rouleau d'or. L'Intendante compta : il y avait trois cent vingt francs.

Et la jeune femme, s'agenouillant aux pieds du saint, ajouta : « Oh ! je vous en donnerai bien plus encore, bon saint, si vous me conservez ma fille. »

*
* *

Ce fut, comme de juste, Mgr l'Évêque de Fréjus qui, le premier, connut notre projet de publier le petit Bulletin mensuel des merveilles de l'arrière-boutique, et Monseigneur voulut bien nous écrire pour l'approuver et le bénir. La lettre trop bienveillante du docte et pieux prélat a sa place tout indiquée dans ce volume :

« Fréjus, le 5 décembre 1893.

» Mon cher monsieur Jouve,

» Il y aurait de ma part une sorte d'ingratitude à ne pas encourager le projet que vous avez formé, et que vous me communiquez, de faire paraître un *Bulletin mensuel des merveilles de saint Antoine*. Je ne puis oublier que la dévotion qui s'est si magnifiquement épanouie dans l'arrière-boutique du cours Lafayette, non seulement procure d'abondantes aumônes aux pauvres et à tous nos orphelinats diocésains, mais encore provoque parmi nous un mouvement religieux dont il convient de faire ressortir l'importance et de préciser la signification.

» En racontant, dans un recueil spécial, les faits remarquables et consolants dont nous sommes témoins chaque jour, il vous sera facile de prouver que les chrétiens fidèles et fervents ne sont pas les seuls à témoigner leur foi et leur confiance en l'intercession des saints, mais que les indifférents eux-mêmes éprouvent, aujourd'hui, autant qu'à toute autre époque, l'instinctif besoin de s'appuyer sur le secours d'en haut. Vous démontrerez une fois de plus, par des arguments à la portée de toutes les intelligences, que c'est faire œuvre tout à la fois vaine et inhumaine que d'essayer de déraciner dans les âmes la croyance au surnaturel.

» A cette tâche, pour laquelle personne n'était mieux désigné que vous, je sais que vous apporterez une conviction ardente et réfléchie, un zéle de tous les instants, un talent très exercé. C'est tout ce qu'il faut pour en assurer le succès, que je souhaite vivement et que je serai heureux de constater.

» Veuillez agréer mes sentiments bien dévoués.

» † EUD. IRÉNÉE,
» *Evêque de Fréjus.* »

*
* *

Quelques traits, choisis entre mille, vont suffire à justifier l'éclatant renom du guérisseur devant lequel, nous l'avons appris de saint Bonaventure, « la mort et la maladie prennent la fuite. »

C'est d'une guérison véritablement surprenante, obtenue contre toute attente et dans un délai très court, qu'il est question dans le récit suivant. Mais le fait, en lui-même très remarquable, n'est peut-être pas ce qui frappera le plus le lecteur. Ce qui caractérise cette » merveille », c'est que, demandée aux prières des pauvres de l'arrière-boutique, elle se réalisa ou du moins fut officiellement constatée, par les hommes de l'art, à Padoue. C'était le *secours purement humain* qu'on allait chercher dans la ville qui garde le tombeau du glorieux Thaumaturge, et, l'*assistance divine*, c'est des prières de l'arrière-boutique qu'on l'attendait.

Voici la lettre que l'Intendante recevait d'Innsbruck (Tyrol) le 13 janvier 1897. Tous les mots soulignés dans cette lettre et la suivante l'ont été par la noble correspondante :

Ma chère Mademoiselle,

Dans mon désespoir, je ne sais à qui recourir, et hier soir en lisant le livre de saint Antoine et du Pain des Pauvres la pensée m'est venue de faire une dernière tentative ; peut-être *votre* saint Antoine nous exaucera-t-il ! Voilà que nous le supplions sans en être entendus, et maintenant la chose est au dernier point et doit être décidée ! Un mal des plus graves à la mâchoire tourmente ma pauvre sœur, et de nombreux médecins et chirurgiens consultés ont été unanimes à déclarer qu'une grande opération est indispensable, et que ma sœur restera pour toute sa vie, non seulement défigurée, mais misérablement réduite à ne plus pouvoir mâcher du tout. Dans tous les couvents voisins, nos connaissances prient et font des neuvaines, mais c'est vainement ; et, pour ma part, s'il faut que je le confesse, je n'ai plus aucune espérance ni confiance ! Ah ! si *votre* saint Antoine nous faisait la grâce de guérir ma sœur sans opération, nous vous enverrions tout de suite du pain pour les pauvres de saint Antoine.

E. d. D. T.

Treize jours après, le 26 janvier, c'était de Padoue qu'on envoyait la lettre suivante :

Padoue, le 26 janvier.

Ma chère Mademoiselle,

Je suppose que vous avez reçu ma lettre, écrite il y aura quinze jours environ, et dans laquelle je suppliais saint Antoine de préserver ma sœur d'une opération terrible et surtout très triste dans ses conséquences. Il n'y avait aucune espérance de l'éviter, car les nombreux médecins qui ont examiné ma sœur ont déclaré que, seule, une opération pouvait la préserver d'un mal plus grand encore. En décembre, nous avons fait un voyage à *Padoue*, où il y a un fameux professeur et chirurgien qui, surtout, est *consciencieux*. Lui aussi déclara qu'une opération était nécessaire. Seulement il conseilla à ma sœur d'attendre *un mois* encore, afin de pouvoir l'examiner une seconde fois. Nous sommes donc revenues ces jours-ci à Padoue et notre première visite fut pour saint Antoine, déjà invoqué la fois précédente. Ensuite, nous nous rendîmes chez le professeur. Mais celui-ci, étonné, déclara qu'il ne voulait pas faire d'opération, quand ma sœur lui offrirait tout l'or du monde. Ma sœur a bien encore la joue un peu enflée, mais j'espère que le bon saint Antoine achèvera son œuvre en faisant tout disparaître, et nous comptons pour cela de nouveau sur les prières de vos pauvres. Comme nous l'avons promis, j'envoie aujourd'hui cent francs pour le pain de saint Antoine.

E. d. D. T.

*
* *

C'est malgré elle, comme on va voir, que fut guérie la religieuse qui, le 5 juillet 1895, écrivait d'une petite ville du Puy-de-Dôme :

Mademoiselle,

Il y a quelques semaines une de nos sœurs vous écrivait pour me recommander à saint Antoine et faisait une promesse de pain. J'étais alors très malade d'une sciatique qui s'était compliquée d'autre chose. Je me sentais gravement atteinte. Je ne pouvais plus, après trois mois et demi, me mouvoir qu'avec grand'peine et portée sur des béquilles. Tous les remèdes restaient sans effet, si bien que les médecins ne savaient plus que dire.

On me parla de saint Antoine, de la lettre écrite à Toulon, de la promesse faite. Mais, je vous l'avoue, tout cela ne me donna nullement confiance et je ne m'adressai pas au bon saint pour lui demander de me guérir.

Quatre ou cinq jours après, on amena auprès de moi un bon Père capucin qui, me voyant si souffrante, m'engagea de nouveau à avoir recours à saint Antoine de Padoue. Je l'écoutai, mais j'étais bien résolue de n'en rien faire, car je n'avais pas confiance, et j'étais persuadée que je n'obtiendrais rien. Avant de me quitter, le religieux me raconta deux faits miraculeux dont il avait été témoin et me récita le répons de saint Antoine.

Que se passa-t-il en moi durant ce temps? Je ne sais; mais la prière terminée, la bénédiction du Révérend Père reçue et lui parti, aussitôt je me sentis toute bouleversée; alors je me dis intérieurement : « Si j'avais la foi, si je priais comme il faut saint Antoine de Padoue, peut-être, ô mon Dieu, que vous feriez pour moi comme pour d'autres et que vous me guéririez. »

Ayant pensé cela, je ne réfléchis plus, je rejetai au loin la couverture qui enveloppait mes jambes, je sautai au bas de la chaise longue et je marchai.

Plus besoin de béquilles : ma jambe me portait sans douleurs, je la sentais simplement raide.

Je croyais rêver, j'étais stupéfaite. J'aurais dû tomber à genoux et remercier le ciel. Sur le moment, je l'avoue, je n'y songeai pas. « Je marche, c'est certain, me disais-je, mais je ne pourrais pas me mettre à genoux. » J'essayai : je le fis sans peine aucune. Puis je fis la génuflexion et me relevai sans l'ombre de difficulté. Alors je me dis : « Oh! pour le coup! si je me déchausse, je crie au miracle. » J'essayai, mais le bon saint Antoine m'attendait là. Je ne pus pas arriver à toucher la pointe de mon pied.

Cette impossibilité m'ouvrit les yeux; j'y vis un très juste châtiment de mon incrédulité. J'en demandai pardon à Dieu et à saint Antoine et je restai convaincue que, sous peu, le bon saint finirait son œuvre, ce qui a eu lieu en effet. Depuis lors, je marche, je me rends tous les services dont j'ai besoin, la raideur disparaît, et si je ne suis pas encore en état d'agir en tout comme avant ma maladie, je suis convaincue que le grand saint Antoine, qui m'a guérie malgré moi, finira bien son œuvre.

Veuillez, mademoiselle, le remercier beaucoup à mon intention, etc...

*
* *

Le 24 décembre 1894, M. Michel, demeurant rue Paul-Bert, 19, à Saint-Etienne (Loire), venu en pèlerinage d'action de grâce à l'arrière-boutique, racontait à mademoiselle Bouffier la merveilleuse guérison que voici :

Son jeune fils, Étienne Michel, âgé de 11 ans, avait, en jouant, fait une chute si malheureuse, sur la nuque, qu'il s'était démis la troisième vertèbre de la colonne vertébrale. Sa tête retombait inerte sur l'épaule, la mâchoire inférieure était déboîtée et la colonne vertébrale faisait saillie dans la gorge.

On juge des souffrances du pauvre enfant et de la désolation des parents. Leur première pensée fut de recourir à saint Antoine de Padoue. On commence une neuvaine.

Le deuxième jour, la grâce était obtenue. Tout joyeux, l'enfant s'écriait : « Je suis guéri, maman, je te dis que je suis guéri. »

Il l'était, en effet, et d'une manière aussi complète qu'instantanée.

Et le père, en racontant ce prodige, ajoutait que le docteur Duchaud, de Saint-Etienne, qui avait donné ses soins à son fils, émerveillé de cette guérison si subite, défiait le plus grand praticien de reconnaître, même au toucher, la moindre trace de cet accident terrible et qui pouvait être mortel.

* *

Voici le récit qu'une religieuse du Carmel de Versailles envoyait à l'Intendante, le 9 février 1897 :

« L'amie d'une de nos sœurs avait sa petite fille fort malade. Dernièrement le médecin constatait un abcès dans les reins; l'enfant souffrait terriblement et, comme les soins devaient être multipliés et compliqués, le docteur exigea que la petite fille fût envoyée à l'hôpital. On dut l'y transporter sur un brancard; il lui était impossible, en effet, de se tenir debout un instant.

» Le médecin de l'hôpital qui reçut la petite patiente prit connaissance du certificat de son confrère, et déclara que l'examen aurait lieu le lendemain seulement, car il était deux heures de l'après-midi, et ce devait être long.

» On peut supposer dans quelles mortelles angoisses la pauvre mère, vers les cinq heures, quitta la pauvre enfant qui souffrait cruellement. Avant de rentrer chez elle, le cœur navré, elle s'arrêta à l'église pour y chercher quelque réconfort, et là, aux pieds de la statue de saint Antoine, elle invoqua avec ferveur le saint aux miracles : « Il n'est pas juste, disait-elle, que les » innocents paient pour les coupables. Je vous » en conjure, grand saint, guérissez mon en- » fant. »

» Or, pendant que la mère adressait cet appel désespéré à saint Antoine, à l'hôpital la petite, tout d'un coup, disait à la sœur qui se trouvait auprès d'elle : « — Ma sœur, je ne souffre plus, » je suis guérie. » Puis elle se lève, marche, court, à la profonde stupéfaction des personnes présentes.

» On juge de la surprise et du bonheur de la pauvre femme qui le lendemain accourait à la première heure. Sa fille avait été guérie au moment même où elle priait saint Antoine.

» Cependant le médecin arrive à l'hôpital, la sœur lui fait examiner la malade, et le praticien affirme qu'il n'y a aucune trace d'abcès; et on rend l'enfant à la mère folle de joie.

» Quelques jours après, le médecin de la famille venait s'informer de la malade. « Mais elle est » guérie, » répond la mère.

» Stupéfaction du docteur qui demande à voir l'enfant; elle arrive en sautillant. Il l'interroge, l'examine, la tourne et la retourne en tous sens et, n'y comprenant rien, hoche la tête de l'air d'un homme fort embarrassé et qui ne sait trop qu'en penser ni qu'en dire. Enfin, retrouvant son aplomb, il dit brusquement à la petite : « Tu » peux te vanter d'avoir joué une belle comédie ! »

» Plutôt que d'admettre l'intervention divine dans la guérison d'un mal parfaitement reconnu par lui, cet esprit fort aimait mieux passer pour avoir été mystifié par une enfant !... »

L'esprit fort, a dit La Bruyère, c'est l'esprit faible.

*
* *

Le 6 mai 1896, en quittant Toulon, après les prédications du Cercle catholique et de la cathédrale Sainte-Marie dont nous parlons ci-dessus, le T. R. P. Marie-Antoine s'en alla prêcher un *Triduum* dans la petite paroisse de Bagnols (Var). Il y fit merveille comme partout, et clôtura le 10 mai ses prédications par la procession, en grande pompe, de la statue de saint Antoine, dont le culte existe dans la paroisse. Deux jours après, le bon saint y manifestait sa puissance par le prodige suivant :

Depuis onze ans, une bonne chrétienne de Bagnols, madame Anastasie Gagnard, née Issaurat, âgée de soixante-deux ans, supérieure de la Congrégation des Mères Chrétiennes, était paralysée du bras gauche. Cette infirmité, qui la réduisait à l'inaction, l'empêchait notamment de s'habiller et de se coiffer toute seule.

Le 4 mai, elle eut la pensée de demander sa guérison à saint Antoine et commença dans ce but une neuvaine.

Le dernier jour de la neuvaine, soit le mardi 12, pendant la messe, au moment de l'élévation, elle ressentit un mouvement à l'épaule, comme si une voisine l'eût touchée. Ce choc, quoique léger, fut cependant assez sensible pour qu'intérieurement elle fit cette naïve réflexion : « C'est saint Antoine qui me prévient qu'il va me guérir. »

Madame Gagnard communia à cette messe et, quelques instants après, rentrait chez elle avec la conviction qu'elle était guérie. Elle se hâta de vérifier si son bras lui pouvait rendre l'office dont elle était déshabituée depuis tant d'années. Elle essaye, en effet, de mettre ses vêtements et y réussit fort bien, quoique avec un peu de peine.

Ce résultat, qu'elle n'avait plus obtenu depuis onze ans, malgré les soins de plusieurs médecins, la plonge dans un étonnement profond. Tout émue, elle retourne à l'église, et, les yeux baignés de larmes, raconte ce qui vient de se passer à M. le Curé, et, sans tarder, lui remet une généreuse offrande pour le Pain des Pauvres.

Mais si notable que fût l'amélioration de son état, persisterait-elle? C'était la question qu'on était en droit de se poser. L'événement vint confirmer ses espérances. Et il fut acquis, quelques jours après, que madame Gagnard était guérie et pouvait, toute seule, sans la moindre gêne, se servir de son bras gauche.

La nouvelle de cette guérison surprenante se répandit bientôt dans le pays, y causant une grande joie. De toutes parts on vint visiter madame Gagnard et la féliciter de la faveur dont elle avait été l'objet.

Toutefois, par prudence, M. le Curé de Bagnols voulut attendre une quinzaine de jours avant de proclamer ce prodige. Mais la guérison ne fit, depuis, que se confirmer.

*
* *

En 1894, le jeune André Vaillant, alors dans sa cinquième année, fils d'un honnête ouvrier de Bandol (Var), fut atteint d'une tumeur blanche à la jambe gauche. Son père le conduisit à Marseille et le fit admettre dans un dispensaire. Mais le traitement auquel on le soumit ne produisit aucun résultat. Au bout de cinq mois le petit malade était ramené dans sa famille, sans avoir obtenu la moindre amélioration. Il pouvait marcher encore, à ce moment-là, mais péniblement, et seulement à l'aide de *deux béquilles*, et ses parents s'affligeaient, avec juste raison, quand ils réfléchissaient à la perspective de misères et de souffrances qui s'ouvraient devant ce petit éclopé, qui serait certainement incapable, toute sa vie, de gagner son pain.

Vers la fin du mois de juin 1897, l'infirmité du jeune André Vaillant, alors âgé de neuf ans, prit un caractère des plus alarmants; le mal dont il souffrait s'aggrava, et les hommes de l'art ne tardèrent pas à reconnaître à son genou gauche, tous les symptômes de la carie des os. L'existence devint, dès lors, pour le malheureux enfant un martyre de tous les instants. Condamné à demeurer couché, il fut en proie à des douleurs si vives, si intenses, si continues, qu'il en perdit le sommeil et l'appétit. Ne prenant plus ni nourriture, ni repos, il poussait nuit et jour des cris déchirants qui affolaient littéralement les voisins. Ce fut au point qu'un atelier situé non loin de là, et dans lequel une cinquantaine de femmes et de jeunes filles étaient occupées à confectionner des couronnes de fleurs d'immortelles, qui est la grande culture et la principale industrie de Bandol, dut être immédiatement évacué. Il était impossible d'y tenir, tant les plaintes incessantes, coupées par des hurlements de douleur du pauvre martyr, causaient à ces ouvrières d'énervement et d'horripilation. Aussi, dans le quartier, personne qui ne fût convaincu que la mort du petit André n'était plus qu'une question de jours, et beaucoup, sincèrement, la lui souhaitaient prompte, comme une délivrance.

Cependant le docteur Marçon, de Bandol, qui ne cessait de prodiguer ses soins au petit patient avec autant de générosité que de dévouement, désireux d'obtenir un résultat plus rapide, engagea les parents à le conduire à l'hospice de Toulon. Là serait examinée la question de savoir si on lui ferait une opération qui devait être des plus douloureuses, ou si on lui amputerait la jambe gauche au-dessus du genou. Et, pour venir en aide à cette famille intéressante, le docteur obtint un secours du Conseil municipal de Bandol, qui, réuni d'urgence, vota une allocation de 1 fr. 50 par jour, pour tout le temps que l'enfant resterait à l'hospice de Toulon.

On devine pourtant quels étaient le trouble et la perplexité des parents qui, en raison de l'extrême affaiblissement de leur fils, ne doutaient pas qu'il ne succombât, quelle que fût l'opération qu'on lui fit subir.

C'est alors qu'intervint saint Antoine. L'excellent abbé Malsan, alors vicaire de Bandol, s'intéressait vivement à cette famille si éprouvée. A la veille de leur départ pour Toulon, le mardi 13 juillet, il vint, comme de coutume, apporter des consolations à ces braves gens : « Puisque tout espoir humain est perdu, leur dit-il, faisons une neuvaine à saint Antoine, et commençons-la, si vous le voulez, dès aujourd'hui. » Et sans rien ajouter, l'abbé s'agenouilla, les nombreuses personnes présentes l'imitèrent, et toutes ensemble, les larmes aux yeux, supplièrent, avec ferveur, le Thaumaturge de montrer sa puissance dans un cas si désespéré.

Deux jours après, le jeudi 15 juillet, André Vaillant, à l'étonnement de tous, sentait déjà les heureux effets de l'intervention divine. Ses souffrances, la veille encore intolérables, diminuaient comme par enchantement, les cris cessaient, l'enfant connaissait enfin le sommeil et l'appétit, et remuait facilement sa jambe. Bref, le samedi 24 juillet, les parents, au comble du bonheur, le conduisaient à la paroisse où il assistait à une messe d'action de grâces. *Il était guéri !*

Il n'était plus question d'opération, et chaque jour on put, dès lors, suivre et constater les progrès de l'amélioration. André commença d'abord à n'avoir plus besoin que d'une béquille, et tout indiquait que, dans quelques mois, il pourrait même se passer de cet appui.

Mais, dès le 25 août, on le voyait dans les rues de Bandol, faisant joyeusement courir son cerceau. Ajoutons qu'avant cette maladie la jambe gauche d'André Vaillant était plus courte que l'autre d'environ 15 centimètres; aujourd'hui les deux jambes sont d'égales dimensions. Et l'enfant, grâce à la protection de saint Antoine, continue, à cette heure, à courir et à sauter sans ressentir la moindre fatigue.

*
* *

Le dimanche 29 août 1897, vers les six heures du soir, le jeune aide-major attaché au Sanatorium de l'île de Porquerolles (Var), M. A***, se trouvant fort incommodé par la chaleur, eut l'idée de prendre du sulfate d'atropine. C'est un poison des plus violents, mais qui, pris à dose convenable, a la propriété de supprimer la transpiration. M. A*** n'en absorba, par prudence, qu'une demi-dose, et peu d'instants après se mit à table, à l'hôtel, avec ses camarades.

Il y avait quelques minutes qu'il venait de commencer son repas, lorsque des symptômes caractéristiques lui font comprendre que la dose devait être trop forte pour son tempérament. Sa gorge devient sèche, il éprouve la plus grande difficulté à avaler, et ressent un tremblement dans tous ses membres. Sans manifester la moindre émotion, il demande un miroir et constate la dilatation des pupilles. Plus moyen de s'y tromper. Il déclare, alors, à ses amis, qui l'observaient avec étonnement depuis un instant, qu'il s'est empoisonné et que sa vie est en danger.

On s'empresse, on l'entoure, on l'accompagne dans sa chambre, où, conservant tout son sang-froid, au milieu de l'émotion générale, M. A*** indique ce qu'il y a lieu de faire pour essayer de conjurer l'effet du poison. Mais la paralysie gagne peu à peu ses membres, il ne peut bientôt plus faire un seul mouvement. Il sent que la tête commence à se prendre et dit alors aux personnes qui l'entouraient : « Allez vite chercher monsieur l'aumônier, car je sens que je n'en ai peut-être plus que pour une demi-heure. »

Un soldat; envoyé en toute hâte à la recherche de M. l'abbé Bozon, aumônier et curé de Porquerolles, le rejoint sur la jetée où il se promenait; prenant le frais. Peu d'instants après, le prêtre était au chevet du malade qu'entouraient à ce moment de leurs soins madame la générale Canonge, en villégiature à Porquerolles, M. et madame de Roussen, propriétaires de l'île, et de nombreux officiers, tous plongés dans la plus grande consternation par ce funeste événement.

Après s'être confessé, M. A*** dit à M. l'abbé Bozon

— Monsieur l'aumônier, je fais très volontiers le sacrifice de ma vie, mais, pourtant, s'il y a quelque chose que je puisse faire, un vœu quelconque, pour me tirer de là, eh bien, je m'en rapporte à vous. Faites, je vous prie, comme si c'était pour vous.

— Si vous le voulez, dit alors l'aumônier, je vais faire une promesse, pour vous, à saint Antoine de Padoue.

— C'est cela, arrangez ça vous-même, comme vous l'entendrez.

Et peu d'instants après ce court entretien, M. A*** était pris par un délire intense et d'effrayantes hallucinations. On continuait toutefois à le masser, à le frictionner, à lui faire des piqûres d'éther et de morphine, mais sans succès. Cent cinquante feuilles de papier Rigollot appliquées sur son corps ne parviennent pas à ramener la chaleur dans ses membres, et les symptômes sont de plus en plus alarmants. Un traitement prescrit par M. le docteur Pellet, à ce moment-là dans l'île, mais qu'une maladie très grave retenait chez lui, ne donne pas de meilleurs résultats.

Devant la gravité de la situation, M. le Commandant d'armes n'hésite point à aller demander à deux familles étrangères, en villégiature à Porquerolles, les familles P. et T., ayant chacune une chaloupe à vapeur, de vouloir bien envoyer chercher, en toute hâte, un médecin, l'une à l'hospice René Sabran, à Giens, l'autre à bord de l'*Algésiras*, le vaisseau-école des torpilleurs, en rade des Salins-d'Hyères.

Ce fut le médecin de l'hospice de Giens qui arriva le premier, vers les trois heures du matin. Il trouva le docteur A*** assis sur son lit, et qui l'accueillit le sourire aux lèvres.

— Désolé, mon cher confrère, lui dit-il, de vous avoir dérangé, mais, Dieu merci, je vais mieux. J'ai enfin réussi à éliminer le poison ; je reviens de loin, je vous assure...

Et il lui raconta quelle imprudence fatale avait failli lui coûter la vie.

Le lendemain, quand il revit l'abbé Bozon, le premier mot du jeune aide-major fut celui-ci :

— Eh bien, monsieur l'aumônier, qu'avez-vous conclu hier soir, pour moi, avec saint Antoine ? car je considère ma guérison comme un miracle.

— Nous avons, d'abord, dit le curé, fait brûler un cierge à la paroisse devant la statue du saint.

— C'est bien.

— Ensuite, j'ai promis, en votre nom, que si vous vous en tiriez, vous iriez faire un pèlerinage au berceau de l'œuvre de saint Antoine à l'arrière-boutique de Toulon, et que vous y feriez une offrande pour le Pain des Pauvres.

— Rien de plus juste, monsieur l'aumônier. J'ai vu la mort d'assez près pour ne pas hésiter à me montrer reconnaissant. Et ce n'est pas trop cher de racheter la vie, à quel prix que ce soit.

— Oh ! j'ai promis, en votre nom, seulement vingt francs.

— C'est pour rien !.....

∴

Ce qui n'est pas donné, par exemple, ce qui est même assez bien payé, ce sont les dents du bébé dont voici la ravissante histoire :

La dentition est une période douloureuse et souvent critique pour les enfants : les jeunes mères le savent. L'une d'elles, en novembre 1896, était en proie aux plus poignantes inquiétudes. Elle voyait, sous l'influence d'une dentition trop précoce, dépérir le cher bébé qui, rose et frais, faisait, naguère, son orgueil et sa joie. Toutes les complications qu'amène parfois cette crise pénible étaient à redouter.

C'est alors que lisant, déjà, la mort dans les yeux éteints du pauvre petit être endolori, la mère affolée, dans un élan subit de confiance, s'écria : « O bon saint Antoine, venez à mon aide ! Vingt francs par dent, pour vos pauvres, si vous sauvez mon enfant. »

Était-ce les coter trop cher? Que les mères prononcent. Quoi qu'il en soit, saint Antoine entendit la prière et accepta le marché. Peu après la jeune mère, au comble du ravissement, voyait saillir, dans les gencives de son bébé, douze quenottes mignonnes, douze perles !

Elle ne mit, bien entendu, aucun retard à venir remercier chez lui saint Antoine, et c'est en remettant à l'Intendante les deux cent quarante francs auxquels montait sa dette, qu'elle raconta, joyeusement, ce qu'on vient de lire.

Elle n'en rabattit rien pour les dents suivantes, et en paya, plus tard, quatre autres nouvelles, le même prix, soit quatre-vingts francs.

Enfin, le 27 septembre 1897, pour les quatre dernières, heureusement écloses, la mère venait déposer dans les mains de mademoiselle Bouffier une nouvelle somme de quatre-vingts francs, ce qui remettait le râtelier du bébé à *quatre cents francs!.....*

Est-ce que par hasard, pour ce prix-là, saint Antoine n'aurait pas bien fait les choses? Tant y a que la jeune femme, en quittant mademoiselle Bouffier, lui dit d'un air de charmante naïveté: « Recommandez bien à votre saint, mademoiselle, que lorsque bébé changera ses dents, il les lui donne un peu plus solides, car il y en a déjà une qui est un peu ébréchée. »

CHAPITRE CINQUIÈME

« LE SAINT UNIVERSEL »

Avant l'ère de saint Antoine, on savait bien, certes, théoriquement, que rien n'arrive sans la permission de Dieu. Mais, dans la pratique, combien de chrétiens en proie aux mille et une difficultés de la vie, oubliaient cette vérité, et négligeaient de recourir au « grand moyen de la prière ! » Dieu soit loué ! les croyants s'y mettent, ou y reviennent, et voilà que, frappés, à leur tour, de l'empressement de saint Antoine à récompenser ceux qui l'invoquent et font la charité en son nom, les mécréants eux-mêmes sont en train d'apprendre, n'en déplaise à nos philosophes rationalistes, que rien n'est plus conforme à la raison que la Foi, et que la Prière n'est pas plus une absurdité que l'Aumône.

Et voilà pourquoi on demande tant de choses

et de si variées à saint Antoine ; il est le secours de tous les malheureux, le consolateur de tous les affligés, l'avocat de toutes les causes, l'intercesseur universel.

Examens, concours, avancements, objets perdus, procès chanceux, récoltes compromises, locations en panne, bêtes malades, échéances imminentes, restitutions invraisemblables, domestiques honnêtes à dénicher, mariages à conclure, fonds à procurer, emplois à trouver, vocations combattues, réconciliations irréalisables, élections douteuses, innocents à réhabiliter, conversions désespérées, etc., etc., tout est de son ressort, absolument tout, et il n'est aucun cas difficile, ardu, épineux, dont il ne se tire à sa gloire.

Ici nous ne pouvons suivre aucun ordre, il faut nous borner à montrer, par quelques exemples, l'incroyable variété des difficultés auxquelles notre saint, à la demande de ses clients, apporte la solution toujours la plus opportune et la plus efficace.

∴

Pendant qu'à Aix en Provence, M. l'abbé Dubourg, le pieux et zélé vicaire de Saint-Jean-de-Malte, institue saint Antoine patron de son œuvre de Presse et attend de lui le *pain spirituel;* qu'à Tarbes, M. l'abbé Fontan, des *Missionnaires du travail*, le choisit pour patron spécial de ses belles œuvres rurales, syndicats et caisses de prêt, d'autres et en grand nombre lui demandent d'assurer l'existence de leurs écoles chrétiennes.

L'éducation de la jeunesse est certainement une des œuvres qui touchent le plus le cœur de l'ami du divin enfant Jésus. Il le montre bien par les succès qu'il sait ménager aux communautés qui intéressent ses pauvres au succès de leur maison. Un des moyens les plus sûrs d'avoir des élèves est de lui promettre une quantité de pain déterminée par chaque nouvel élève qu'il procure. Ainsi font, et s'en trouvent on ne peut mieux, des religieuses d'Oran, de Valenciennes, de Montpellier, de Tarascon, etc., etc., des religieux et des prêtres de Besançon, de Lille, de Delle, de Lorgues, etc., etc.

S'il le faut, c'est sur l'ennemi que saint Antoine ira conquérir les nouvelles recrues de l'Ecole chrétienne.

Ci-joint, écrit-on, un mandat-poste de 4 fr. 30 pour huit bons petits élèves nous venant de l'école laïque. J'avais promis 0 fr. 50 par nouvel élève, pour le Pain de saint Antoine.

Pour conjurer la laïcisation, rien de mieux également qu'une promesse de pain. C'est ce que nous apprend une bonne religieuse dont nous taisons la localité, par un motif de prudence facile à comprendre. La nommer serait l'exposer tout de suite aux foudres préfectorales. Le 8 août 1897, elle écrivait à l'Intendante :

Mademoiselle,

Comme l'année précédente, je vous envoie 10 fr. pour le Pain du bon saint Antoine qui *nous a préservées de la laïcisation.* Daigne le grand saint nous protéger encore, et nous conserver notre établissement, afin que nous puissions continuer à faire du bien aux jeunes âmes qu'il aime tant.

*
* *

Voici ce qu'un prêtre écrivait de Slough (Angleterre), le 20 novembre 1895 :

Au mois de juillet dernier, j'allai passer quelques jours chez un confrère, curé catholique, et je le trouvai sous la plus noire impression et en proie au plus profond découragement. Comme je suis aussi pauvre que lui, il me fit ses confidences.

Pour le bien de son petit troupeau, il a organisé une école catholique afin que ses enfants n'aillent pas aux protestantes. Il s'est aventuré, sans compter, dans de grandes dépenses, ce qui est toujours l'ordinaire. Puis, lorsque le moment de payer est arrivé, il n'avait plus d'argent.

Je lui conseillai de s'adresser à saint Antoine à Toulon. Il le fit. Je partis, le laissant bien découragé ; mais depuis lors il a reçu de personnes qu'il ne connaît pas *toute la somme* qui lui était nécessaire. Et, il y a quinze jours, il me disait qu'il était libéré de tout.

Or, je connais, mademoiselle, la situation financière des paroissiens de mon ami. Tous réunis, ils n'auraient pu venir à bout de le tirer d'embarras. C'est par des étrangers que saint Antoine l'a délivré, peut-être même par de riches protestants, ce qui arrive quelquefois.

Quoi qu'il en soit, le fait existe et, en reconnaissance, ce bon prêtre a organisé, sur mes indications, la dévotion à saint Antoine dans son église. Que je suis heureux de ce résultat ! Saint Antoine ferait tant de bien en Angleterre s'il était connu !

Avis aux curés que le zèle des âmes entraîne quelquefois dans des embarras financiers.

*
* *

La sœur X..., supérieure d'une communauté de religieuses de l'Ardèche, vouées à l'enseignement, raconte ceci :

« Nous avions des réparations à faire à notre maison en vue d'améliorer le bien-être de nos fillettes et d'agrandir les locaux pour nous permettre de recevoir un plus grand nombre d'élèves. La somme dont nous disposions pour ces travaux était bien minime, mais grande notre confiance au Saint Enfant Jésus de Prague. Il nous vint en aide d'une façon particulière.

« Une forte somme nous restait encore à payer. C'est alors que nous promîmes une offrande à saint Antoine pour ses pauvres, si, *dans trois mois*, il nous procurait de quoi acquitter nos dettes.

« Nous fîmes une neuvaine, accompagnée de sacrifices connus de Dieu seul, et tous les mardis deux cierges brûlèrent, pendant la messe, devant la petite statue de saint Antoine pour qu'il nous obtînt cette grande faveur.

» Jugez, mademoiselle, de notre surprise et de notre joie, quand, *au bout d'un mois* de supplications, une âme généreuse, choisie de Dieu, nous fit demander nos factures pour les acquitter. Il ne s'agissait pas de peu. Les dépenses se chiffraient par *huit mille francs*. C'est pourquoi nous nous empressons de vous envoyer notre offrande. Mais bien entendu nous continuerons nos prières et nos sacrifices jusqu'à l'expiration des trois mois. »

∴

C'est d'une de nos plus lointaines colonies que la lettre suivante était adressée, en décembre 1895, à l'Intendante :

« Mademoiselle,

» J'ai l'honneur de recourir à votre bienveillant intermédiaire, pour remercier saint Antoine de

Padoue d'une faveur toute miraculeuse dont je viens d'être l'objet.

» J'étais, il y a quelque temps, sans argent, sans place, et presque sans moyens d'existence. J'étais venu chercher du travail sur cette terre d'exil et je n'y avais trouvé que les maladies et la misère. Je m'étais, de plus, convaincu de l'inutilité de toutes mes démarches; il me manquait une protection, ou ce que nous appelons vulgairement un *piston*.

» Une lecture que j'ai faite m'a suggéré la pensée que saint Antoine de Padoue était le seul *piston* qui pouvait me tirer d'embarras. Immédiatement une confiance illimitée dans ce bon protecteur s'est emparée de moi. J'ai prié, j'ai fait prier. Je n'ai pas été exaucé tout d'abord; mais ma confiance n'a fait que s'en accroître. J'ai prié avec plus d'ardeur. J'avais foi en un miracle, qui serait fait pour moi par saint Antoine.

» Le miracle est venu; je ne puis appeler autrement ce qui a été fait pour moi. Au grand étonnement de tous ceux qui m'entourent, moi, pauvre hère, je reçois un jour ma nomination, en belle et due forme, à la place la plus avantageuse que je pouvais souhaiter, une place tellement avantageuse que je n'aurais jamais osé la demander ou même la désirer. Comme tous ceux qui font la chasse aux places, j'avais adressé à qui de droit une demande officielle d'emploi; mais je l'avais fait par acquit de conscience, bien persuadé qu'elle était destinée à l'obscurité du panier. Perdu au milieu de tant d'autres, mon nom, qui n'attirait l'attention de personne, serait resté indéfiniment dans l'ombre. Saint Antoine l'en a retiré. Je lui en garderai une reconnaissance éternelle.

» On m'a dit, Mademoiselle, que vous étiez la trésorière de ce divin agent de placement. On m'a dit aussi que saint Antoine, tout comme un autre, acceptait des rétributions en espèces, qui sont converties, par vos soins, en pain blanc pour les pauvres. Je suis heureux de prélever sur mes premiers appointements et de vous envoyer les 75 francs que vous trouverez ci-inclus en trois traites différentes...

» Je crains, mademoiselle, d'avoir abusé de votre temps; mais vous n'êtes pas chargée de me répondre, ce soin incombe à saint Antoine. »

***

Un modeste ménage d'ouvriers de la Seyne (Var), de quelques économies réalisées, avait commencé à faire bâtir une petite maison. Entre temps, le mari tomba malade; de là des dépenses imprévues qui déséquilibrèrent le budget. Bref, faute des ressources nécessaires, la construction fut laissée inachevée.

Ils entendirent parler de saint Antoine. A la lecture des merveilles qu'il opérait, l'idée leur vint de l'invoquer, pour qu'il les tirât d'embarras.

— Si pourtant M***, qui nous connaît bien et s'intéresse tant à nous, dit un jour la femme au mari, consentait à nous prêter 500 francs, nous pourrions faire couvrir notre maisonnette.

— Ce n'est tout de même pas une mauvaise idée, reprit le mari, mais je doute un peu qu'elle aboutisse.

— Bah! en confiant la chose à saint Antoine, et en lui promettant du pain pour ses pauvres.

— Eh bien, dit le mari, nous ne risquons rien de tenter le coup.

Et l'on écrivit. Et qui fut surpris de recevoir une réponse, par le retour du courrier?

Vous allez croire que la personne invoquée consentait à leur prêter les 500 francs. Détrompez-vous; elle leur en envoyait 1,000, non pas à titre de prêt, mais en don. « Cela vous permettra, disait-elle, d'achever votre petite maison. »

Et la femme, les larmes aux yeux, vint acquitter sa dette à l'arrière-boutique, et conter le fait encore tout chaud. « C'est mon mari, disait-elle, qui faisait une tête! Il en a été quasi guéri du coup. Et ce qu'il a confiance en saint Antoine, maintenant! Il ne priait guère jusqu'à présent, mais le voilà converti. »

*
* *

Converties, elles le sont sans conteste, si elles avaient besoin de l'être, les jeunes filles qui s'étaient reposées sur saint Antoine du soin de leur procurer un mari.

Le chapitre des mariages, en effet, n'est pas un des moins bien fournis, dans les fastes de l'arrière-boutique, et de quelle charmante façon les nouveaux mariés savent s'y prendre, à l'occasion, pour venir rendre grâce à notre saint !

Le 5 décembre 1894, vers les quatre heures et demie de l'après-midi, un élégant coupé s'arrêtait devant le n° 41, et l'on en vit descendre un jeune couple, deux nouveaux époux du matin : un capitaine d'infanterie de marine en grande tenue et la jeune épousée en robe blanche, couronnée de fleurs d'oranger. Les passants, vivement intrigués par ce spectacle insolite, les virent traverser lentement le large trottoir et pénétrer dans la boutique, où se pressaient à ce moment-là de nombreux pèlerins.

— Mademoiselle, dit gracieusement la jeune femme, nous venons payer notre dette à saint Antoine.

Et dans l'oratoire, qu'emplissait aux deux tiers la longue traîne de sa robe de noce, elle s'agenouilla pieusement sur le carreau, tenant, dans la sienne, la main de son mari debout près d'elle.

— Si vous le voulez bien, madame, dit l'Intendante touchée de cette démarche si simplement et si gracieusement accomplie, nous remercierons avec vous notre bon saint.

— Oh ! très volontiers, mademoiselle, dit la jeune mariée.

Tous les assistants s'agenouillèrent alors, avec l'Intendante, qui, à haute voix, récita une courte prière à laquelle tout le monde répondit.

Et, après avoir remercié gentiment mademoiselle Bouffier, les deux nouveaux époux remontèrent en voiture.

On avouera que ce petit pèlerinage au soir d'un jour de noce n'était pas banal du tout.

*
* *

Mais un ménage sans enfants, c'est parfois bien triste ! Que ceux auxquels cette épreuve est infligée recourent avec confiance à saint Antoine.

Le 25 novembre 1896, un jeune couple de Lyon, marié depuis dix ans, faisait tout exprès le voyage de Toulon pour venir demander un *garçon*. Le 25 août suivant il était pleinement exaucé.

Une lettre de Varsovie, du 9 janvier 1896, contenait ce *post-scriptum* :

Je me permets d'ajouter que le motif qui a décidé cette missive est un *vrai miracle* obtenu par une petite nièce à moi, la comtesse de S... Je l'ai vue hier avec une délicieuse petite fille de huit mois sur les bras, elle qui, mariée depuis douze ans, pleurait de ne pas être mère. C'est son mari qui s'était adressé, par votre entremise, à saint Antoine...

*
* *

C'est de Briançon que mademoiselle Bouffier, le 15 mai 1895, recevait la jolie lettre suivante :

Mademoiselle,

Je connus tout à fait par hasard l'œuvre de Saint-Antoine et la dévotion que l'on porte à ce grand saint.

Je m'adressai à lui pour obtenir la bénédiction de notre union par la venue d'un cher petit ange au milieu de nous. Il m'obtint cette grande grâce et cela après cinq ans de mariage, alors même qu'un médecin venait de me certifier que je n'aurais jamais d'enfant.

Je regarde cela comme un vrai miracle. Saint Antoine m'a choisie, indigne et bien peu méritante, pour exercer ses faveurs, et il ne se borne pas à cela seulement. Mon enfant est superbe ; quant à moi, du premier jour de ma grossesse jusqu'au dernier, j'ai été admirablement portante et tout s'est passé parfaitement.

Mon mari et moi remercions saint Antoine de tout notre cœur. Nous lui demandons ardemment de continuer son œuvre de charité. Et vous, mademoiselle, qu'il a choisie pour être son interprète et la fondatrice d'une chose si admirable, refuserez-vous l'aumône d'une prière à trois êtres qui vous demandent de dire pour eux, à saint Antoine, toute leur gratitude, et de lui demander encore de nous protéger aujourd'hui et toujours? Il nous fit ses enfants; notre seule ambition est qu'il reste pour nous un vrai père.

Je joins à cette lettre 300 francs pour le pain de vos pauvres. Et je vous demande, mademoiselle, de vouloir bien faire inscrire cette lettre parmi les faits les plus extraordinaires qui tendent à glorifier de plus en plus notre saint bien-aimé. J'ai promis à saint Antoine de faire connaître son nouveau miracle, je désire que cet acte de piété filiale s'accomplisse et que rien ne vienne entraver sa publication.

Je vous offre, mademoiselle, mes respectueuses salutations et je vous envoie un baiser de mon ange que vous ne refuserez pas, bien sûr.

A.-J. A.

Pas d'autre indication que ces trois lettres. Impossible donc de dire merci à l'heureuse mère.

Relevons un petit détail dans cette lettre d'une écriture très distinguée. Un mot a été surchargé. La correspondante de saint Antoine avait d'abord écrit *deux* cents francs. Elle a eu un scrupule. Réflexion faite, pour une si grande grâce, était-ce assez ? Dans l'expression de la reconnaissance du père et de la mère, fallait-il oublier *bébé ?* Elle a donc corrigé et mis cent francs pour chacun. N'est-ce pas charmant ?

*
* *

Montrons, maintenant, saint Antoine aux prises avec les éléments déchaînés.

Un propriétaire viticulteur de Carqueiranne (Var) raconte à mademoiselle Bouffier :

« Vous vous souvenez, mademoiselle, de l'épouvantable orage qu'il a fait ces jours passés, dans la deuxième semaine d'octobre ; vous savez que la grêle a tout ravagé, tout haché, vignes, haricots, etc., etc. J'avais à ce moment plus de trente mille kilos de raisin sur pied. Vous devinez mes transes. Fort en peine des risques que courait ma vendange, je ne savais à quel saint me recommander. Tout à coup la pensée de saint Antoine me vint. A tout hasard, je fis ma promesse. Le lendemain, non sans de vives appréhensions, je vais visiter mes vignes. Elles étaient indemnes. L'orage n'avait rien abîmé. C'est pourquoi, tout courant, je suis venu acquitter ma dette ; il faut être exact en affaires. Où est-il, ce tronc, que je m'exécute ? »

Il n'était jamais entré dans l'arrière-boutique. On peut supposer qu'il y reviendra. Les sceptiques qui ne croient pas à saint Antoine sont ceux qui n'ont pas encore éprouvé le besoin de le mettre à l'épreuve. Il n'y a qu'à essayer une fois avec lui pour avoir envie de recommencer.

*
* *

Ce n'est pas seulement de la tempête et de la foudre que saint Antoine délivre ses clients ; le feu de la terre ne lui obéit pas avec moins de docilité que celui du ciel.

Dans le courant de l'été de l'année 1895, de terribles incendies de bois désolèrent certaines localités du Var et des Bouches-du-Rhône.

Voici dans quelles circonstances providentielles un de nos amis, M. V..., propriétaire sur le territoire de Saint-Loup, banlieue de Marseille, où le fléau sévissait avec rage, eut l'heureuse chance de voir le feu épargner sa pinède (1) et sa maison d'habitation. Après une journée de luttes acharnées le danger, sur le soir, paraissait conjuré, en ce qui le concernait du moins. On avait fait la part du feu et le vent poussait les flammes vers la colline, les éloignant des limites de son domaine.

(1) Bois de pins.

4.

Désormais rassuré, notre ami, après avoir pris ses dernières dispositions, se préparait à revenir en ville. Or, subitement une saute de vent se produit, les flammes changent de direction, le péril devient imminent et la catastrophe inévitable.

— Ah! maintenant, nous sommes perdus, s'écrie M. V... Il n'y a plus qu'un miracle qui puisse nous sauver. Saint Antoine, si vous nous tirez de là, je vous promets tant de kilos de pain pour les orphelins de don Bosco.

Un voisin, capitaine marin, navré lui-même de la tournure que prenait l'incendie, ne put se tenir de dire, en entendant ce propos : « Ce n'est pas pour médire de votre saint, mais croyez-en mon expérience, il est absolument improbable que le vent qui vient brusquement de changer puisse tourner de nouveau sitôt.

O prodige! à peine avait-il formulé cet oracle, qu'à l'étonnement général, on voit les longues flammes rouges et crépitantes de l'incendie se redresser, s'infléchir vers la colline et reculer.

— Mais le vent tourne, le vent tourne! s'écrie le marin au comble de l'étonnement.

Et le vent tournait en effet, et le bois de notre ami, et sa maison de campagne furent ainsi merveilleusement protégés.

La date de l'événement et les circonstances étonnantes dans lesquelles il se produisit ont été inscrites sur les murs de la bastide afin d'en perpétuer la mémoire.

Dans ce genre de prodiges, notre saint, d'ailleurs, est coutumier du fait; demandez plutôt à Cuges, dont le bois fameux a été maintes fois préservé par lui d'une destruction complète, ainsi qu'il conste des archives locales.

*
* *

Le 8 décembre 1895, vers les quatre heures du soir, au moment où les religieux de la Chartreuse de Montrieux (Var) sortaient des Vêpres, on vint prévenir le P. Prieur que le feu était à la forêt de l'État. Le Père se hâta d'envoyer du secours.

Pendant que quatre domestiques du monastère partaient d'un côté à la recherche du feu, un Père et trois Frères se dirigeaient rapidement vers le château de Garandon, près de Belgentier. Ils y rencontrèrent le garde forestier de Méounes, qui les conduisit sur le théâtre de l'incendie. Il était nuit noire quand on y parvint.

Un spectacle effrayant s'offrit à leurs yeux. La forêt brûlait sur une surface d'environ douze hectares, et les difficultés pour arrêter le fléau paraissaient insurmontables, car la partie incendiée était située sur un plan très incliné, au milieu de rochers escarpés d'un accès extrêmement dangereux.

Le vent du Nord soufflait en tempête, activant le feu et soulevant les flammes, à une hauteur prodigieuse. Le foyer principal de l'incendie était un bois-taillis de neuf ans, qui présentait un fourré inextricable, où, mêlé aux grandes herbes, le chêne vert, le romarin, le sapin, le chèvrefeuille, le lierre, etc., etc., fournissaient au feu un puissant aliment.

Sans hésiter, les quatre religieux chartreux et les gardes forestiers de Méounes et de Montrieux se mirent résolument à l'œuvre, et, armés de grandes branches, s'efforcèrent d'abattre le feu.

Mais, vains efforts! ils ne tardèrent pas à reconnaître que les moyens humains seraient impuissants pour arrêter l'incendie. Les populations du voisinage, notons-le, n'avaient pas jugé à propos de se déranger. Il ne s'agissait que d'un bien de l'État! Or, que pouvaient faire cinq ou six personnes, pour circonscrire un si vaste foyer, d'ailleurs inaccessible en beaucoup d'endroits?

Ce fut alors qu'un des témoins de ce désastre eut l'inspiration de recourir aux moyens surnaturels. Le P. Chartreux commence la récitation du chapelet, à laquelle répondent, tout d'une voix, les assistants.

Le spectacle de ces moines priant, pour arrêter un incendie, eût sûrement fait sourire des mécréants, s'il s'en fût trouvé sur les lieux.

L'incendie cependant continuait ses ravages. On promet alors une somme de dix francs à saint Antoine, pour les pauvres de l'arrière-boutique, et une messe à la Très Sainte Vierge Immaculée dont c'était la fête, et l'on continue à réciter le chapelet.

Soudain, ô merveille, à la profonde surprise des assistants, on voit le feu diminuer d'intensité, puis s'éteindre, comme de lui-même, dans toutes les parties inaccessibles de la forêt.

Les témoins de ce prodige. n'hésitent pas à reconnaître l'intervention de la Vierge Immaculée et de saint Antoine, et, remplis d'une vive et joyeuse émotion, estiment pour rien leurs peines, en présence d'un fait si extraordinaire.

La relation qu'un P. Chartreux voulut bien nous envoyer de ce fait se terminait par ces lignes :

« Tel est le fait exact, qui s'est passé le 8 décembre dans le voisinage de la Chartreuse de Montrieux. Nous en rapportons toute la gloire à la Vierge Immaculée et à saint Antoine de Padoue.

» Montrieux, le 15 décembre 1895. »

*
* *

On vient de voir saint Antoine triompher de la tempête et de l'incendie; le voici secourant des naufragés :

C'est d'une grâce véritablement insigne qu'une famille composée du père, de la mère et d'une jeune fille de 18 ans, venait, le 14 décembre 1897, remercier saint Antoine, accomplissant à l'arrière-boutique un pèlerinage de reconnaissance promis dans des circonstances tragiques. Tous trois, peu de jours auparavant, avaient été providentiellement arrachés à une mort imminente et humainement inévitable.

Ils étaient partis, le matin, dans une petite barque à voile; la mer était belle, le ciel serein; la traversée, d'ailleurs, devait être si courte!.. Mais voilà qu'au milieu de la course, le vent se lève subitement, un peu de houle commence à les secouer, les rafales succèdent aux rafales, et l'une d'elles, plus violente, couche la voile, fait chavirer le bateau et précipite à l'eau les trois passagers, qui, par bonheur, se raccrochent à la frêle embarcation.

Ils se trouvaient alors dans les eaux des îles d'Hyères, mais l'accident ne fut aperçu de personne, et aucune voile n'apparaissait à l'horizon. On devine les horribles émotions par lesquelles passèrent ces malheureux. Leur premier mouvement fut de recourir à saint Antoine.

Le père, fortement cramponné à la barque, s'efforçait de retenir sa femme et sa fille qui, la main passée dans le collet de ses vêtements, se retenaient à lui, l'une à droite, l'autre à gauche.

Ils formaient ainsi une grappe humaine qu'à chaque instant les vagues grossissantes menaçaient de séparer. La mère et la fille, à bout de forces, lâchèrent même prise plusieurs fois, et ce fut miracle et au prix d'efforts surhumains que le père parvint à les ressaisir au moment où elles allaient disparaître : « Saint Antoine ! saint Antoine ! criait éperdûment la jeune fille, saint Antoine, venez à notre secours ! » Elle disait, affolée, à son père : « Tu promets, dis, papa, tu promets du pain pour les pauvres? »

Ce supplice affreux durait depuis vingt minutes, vingt siècles ! lorsqu'un bateau de pêcheurs apparut; il entendit, dans la rumeur du vent et des vagues, les cris de détresse, il aperçut les naufragés en péril, et se hâta de venir les recueillir. Il était temps ! A peine la jeune fille avait-elle été hissée dans la barque, qu'elle s'évanouit...

Un détail à retenir dans ce sauvetage inespéré, et qui ne permit pas à cette famille, si providentiellement secourue, de douter que saint Antoine ne fût intervenu pour les sauver, c'est que le patron de la barque de pêcheurs leur déclara que c'était tout à fait par hasard qu'il s'était trouvé dans ces parages. D'habitude, il n'y passait jamais à cette heure-là.

∴

Celui qui dompte les éléments aveugles dirige aussi, quand il lui plaît, la volonté humaine. Nous en avons la preuve dans les deux faits suivants.

Vers la fin de l'année 1895 eurent lieu, en Belgique, des élections dans lesquelles le libéralisme doctrinaire fut battu à plate couture. Voici la lettre touchante qu'une sainte fille écrivait d'Ypres, le 19 octobre, au cours de la lutte électorale :

Je vous recommande aussi, mademoiselle, une intention très pressante et je promets dix francs au bon saint Antoine, s'il nous exauce. Nous avons ici, le 17 novembre, les élections communales dans dans tout le pays. A Ypres surtout, la lutte sera acharnée. Les libéraux ont été *cinquante ans au pouvoir* et il y a cinq ans que les catholiques ont eu la victoire pour la première fois ; seulement leur majorité n'était que de trois.

Cette année-ci, tout le conseil doit être renouvelé en une fois. Vous comprenez que les mauvais mettront tout en œuvre pour reprendre le terrain. Il faut que les catholiques triomphent pour la plus grande gloire de Dieu et le bien des âmes. *J'ai la certitude* que le bon saint de l'arrière-boutique nous obtiendra cette grâce insigne.

Déposez, je vous prie, mademoiselle, ma demande à ses pieds, et agréez, etc.

Et voici comment saint Antoine répondit à l'attente de cette généreuse chrétienne :

Ypres, le 20 novembre 1895.

Bien chère Mademoiselle,

C'est la joie dans le cœur que je viens vous remercier de vos ferventes prières. Votre bon saint Antoine a aussi été bon pour nous. Le triomphe des catholiques est magnifique. L'Hôtel-de-Ville est à eux. Ils ont chassé les libéraux jusqu'au dernier, avec une majorité de 200 voix. Nos quinze élus seront les maîtres de la ville d'Ypres. Désormais la religion y sera en honneur. Que de gloire pour Dieu et que d'âmes seront sauvées ! Les Yprois sont fous de bonheur et ils ont fêté dignement leur victoire.

Vous recevrez par la poste un mandat de douze francs dont dix pour vos chers pauvres et deux pour les cierges que vous avez eu la bonté de faire brûler.

*
* *

L'année suivante, c'est, en Hongrie que les catholiques, ayant à soutenir le choc de la maçonnerie et de la juiverie coalisées, s'adressèrent à saint Antoine, « le marteau des hérétiques. »

De vaillantes et généreuses chrétiennes de la Hongrie, se souvenant de l'assistance qu'en d'autres temps un frère du glorieux Thaumaturge, Jean de Capistran, prêta à leurs ancêtres, dans la lutte contre les Turcs, avaient eu l'inspiration de confier à saint Antoine l'élection de leur frère, de leur fils ou de leur époux, lui demandant de conduire lui-même les catholiques hongrois à la victoire.

Nous pourrions citer des lettres véritablement émouvantes par lesquelles elles sollicitaient, à cette intention, les prières de l'arrière-boutique.

Saint Antoine ne resta pas sourd à ces ardentes supplications, et voici deux lettres qui en témoignent :

Mademoiselle,

Sincèrement merci pour toutes les ferventes prières ! Infiniment grâces au *bon Dieu* et à saint Antoine ! *Mon frère est élu député* et le parti catholique, qui luttait courageusement, a réussi à emporter quelques superbes victoires.

Tout à vous, en Jésus et Marie, chère mademoiselle.

Votre humble servante, ***.

23 octobre 1896.

Mademoiselle,

Je m'agenouille humblement en esprit dans le

sanctuaire du glorieux saint Antoine et je lui offre pour le beau pain blanc de ses chers pauvres, pour ses orphelins, pour ses missions, la somme de 500 francs, que je vous envoie, chère mademoiselle, par mandat de poste et que je vous prie de transmettre à saint Antoine, avec ma reconnaissance la plus profonde pour sa puissante intercession auprès du bon Dieu, auprès du divin cœur de Jésus.

Le grand saint m'a miraculeusement exaucée. Je lui demandais la réussite d'une grande chose pour la cause catholique et pour mon mari, qui se dévoue à cette cause, et son élection aujourd'hui est tout à fait miraculeuse. Je faisais une neuvaine à saint Antoine. C'en est aujourd'hui le cinquième jour, et déjà hier il m'a accordé ce que je demandais pour mon mari et en même temps pour la bonne cause. Mon cœur est transporté de reconnaissance, mademoiselle ; remerciez pour moi et avec moi le bon, bon saint Antoine.

Je vous remercie aussi beaucoup pour votre si bonne lettre du 21 septembre, de tout mon cœur je m'unis aux prières que l'on fait dans votre sanctuaire. Je vous envoie les 500 francs par mandat-poste. Vous aurez la bonté, n'est-ce pas ? de me dire si les 500 francs vous sont parvenus. Avec le cours de l'argent échangé, j'espère que cela sera bien 500 francs. Si, avec la somme que je donne en argent d'Autriche-Hongrie, ici, cela produit plus de 500 francs, en France, tant mieux, mademoiselle ; mais si c'était moins de 500 francs, vous auriez la bonté de me le dire, n'est-ce pas ? J'avais promis 500 francs et je *ne veux pas qu'il manque une obole à ma promesse.*

Soyez assurée, mademoiselle, etc.

Et en *post-scriptum :*

Merci, mon bon saint Antoine.

L'Intendante s'empressa de faire savoir à la noble donatrice que ses vœux avaient été remplis, car l'échange de la somme envoyée en argent d'Autriche avait produit *cinq cent vingt-cinq francs dix-sept centimes.*

CHAPITRE SIXIÈME

LE PATRON DES CHOSES PERDUES

Le R. P. Monsabré, écrivant au pieux auteur d'un petit ouvrage sur saint Antoine (1), s'exprimait naguères en ces termes :

« N'est-ce pas assez de gloire pour notre cher saint ? Vous semblez monopoliser en lui le pouvoir de faire retrouver les choses perdues. Or, l'Eglise attribue ce pouvoir à un autre Antoine. Nous lisons dans les leçons de la fête du bienheureux dominicain Antoine Pavone que « depuis la mort de ce saint martyr, les fidèles n'ont pas cessé de lui rendre un culte religieux, et que parmi les témoignages de reconnaissance qui entourent son tombeau, on remarque surtout les *ex-voto* de ceux qui ont imploré son secours

(1) *Vie, gloire et merveilles de saint Antoine de Padoue*, par Georges Loth, Bloud et Barral éditeurs.

pour retrouver des choses perdues. Il m'est donc permis de vous dire : « Part à deux. »

A le prendre sur ce pied, ce n'est point part à deux qu'il faudrait dire, mais part à trois ou quatre et davantage encore, car les saints invoqués, jadis, par nos pères pour retrouver les choses perdues ou dérobées, sont plus nombreux qu'on ne l'imagine.

C'est, en effet, le privilège de saint Vincent d'Espagne, diacre et martyr, un des défenseurs et des patrons de notre pays ; de saint Gatien, premier évêque de Tours, apôtre de la Touraine, qui, ajoutent les hagiographes, *les faisaient retrouver promptement ;* et du bienheureux Jean le déchaussé, de l'ordre de Saint-François, au diocèse de Quimper. Nous ne serions nullement surpris qu'il y en eût d'autres. Cela fait toujours quatre dont on parlait peu, en comptant le bienheureux Antoine Pavone, de l'ordre de Saint-Dominique, postérieur de près de deux siècles à notre saint, que rappelle, à bon droit, l'éminent conférencier de Notre-Dame. Mais cela n'empêche pas qu'on a toujours mis, de tout temps, au premier rang des prérogatives du Thaumaturge de Padoue, celle de faire retrouver les objets perdus.

Avant que l'œuvre du Pain ne fût venue nous apprendre qu'il accueille avec autant de faveur toutes les autres requêtes, le peuple ne se souvenait d'ordinaire de saint Antoine de Padoue que dans ces occasions-là.

Dans une étude très documentée, publiée, il y a quelques années, sur cet intéressant sujet, le R. P. Dom Alphonse Guépin, bénédictin, alors religieux de Solesmes, depuis abbé de Silos (Espagne), écrivait :

Peu de pratiques sont aussi répandues parmi les fidèles, que celle d'invoquer saint Antoine pour retrouver les objets perdus, et il n'est pas permis de reléguer cette dévotion au nombre des superstitions populaires, car elle est ancienne, universelle et autorisée par un grand nombre de miracles...

C'est, si nous osons parler ainsi, la *spécialité* de saint Antoine ; et en France même, où la dévotion envers les saints s'est si malheureusement refroidie, cette prérogative n'a pas été oubliée par les fidèles.

Les historiens de saint Antoine, ajoute le savant religieux, ne donnent pas l'origine de cette dévotion. Elle se rattache peut-être à un miracle rapporté par quelques-uns d'entre eux. Le père d'Antoine, disent-ils, ayant eu le maniement de certains deniers publics, fut cité en justice pour rendre compte de sa gestion, et exposé au déshonneur parce qu'il avait perdu ses quittances. Antoine, alors en Italie, fut soudainement transporté en Portugal, et apparut devant les juges pour leur présenter les pièces au défaut desquelles son père eût été condamné.

Ce qu'il y a de singulier, c'est que, « parmi les miracles présentés à l'examen du Souverain Pontife pour obtenir la canonisation de saint Antoine, on n'en trouve aucun, dit Dom Guépin, qui fasse allusion à son don spécial de retrouver les objets perdus ; mais tout prête à croire que les fidèles ont constaté ce privilège dès que le glorieux thaumaturge fut élevé sur les autels ».

Parmi les nombreux traits propres à montrer la puissance de saint Antoine pour rendre à ses clients les objets volés ou perdus, que cite le Révérendissime Père abbé de Silos, on ne lira pas sans intérêt le suivant, qui prouve que notre saint n'a pas attendu nos jours pour exaucer les hérétiques. On en verra, plus loin, des exemples. Il s'agit ici du roi d'Angleterre, Charles II.

Se trouvant, durant son exil, à Cologne, Charles II fut dépouillé, par un vol, du peu d'argent qu'il possédait encore. Il envoya aussitôt un de ses gentilshommes chez les frères mineurs pour leur demander d'invoquer pour lui saint Antoine de Padoue. Le lendemain, un des religieux, traversant l'église du couvent, aperçut un homme qui lui montrait du doigt un confessionnal, et s'esquiva ensuite sans lui parler. Le Père courut au lieu indiqué et y trouva un sac plein d'argent qu'il porta aussitôt au gardien. On y trouva exactement la somme volée au roi d'Angleterre, qui donna une attestation de ce fait signée de sa main et scellée de son sceau. »

*
* *

Voici la lettre que le vaillant abbé Fourié, de Montpellier, un pèlerin de l'arrière-boutique, écrivait naguère à mademoiselle Bouffier :

Je revenais de Toulon tout rempli d'admiration, quand un de mes bons paroissiens vint me trouver un dimanche matin, bien triste.

— Mauvaise journée, me dit-il. En venant de la campagne, pour la messe, ma femme a perdu une montre en or et une grande chaîne, souvenir de famille, valeur trois cents francs. Vous ne sauriez croire combien nous sommes fâchés de cette perte.

— Faites chercher.

— Mais tout le chemin parcouru a été fouillé par moi, ma femme et nos amis. Nous n'avons rien trouvé.

— Mettez saint Antoine dans l'affaire, faites-le prier par vos enfants et ça viendra tout seul.

Et je lui racontai tous les tours de saint Antoine à Toulon.

Il me promit de le prier en famille, et à cette promesse il joignit celle d'une offrande de cinq francs pour les pauvres. Trois jours se passèrent ; on désespérait, tout le monde avait fouillé le chemin.

Voilà que le matin du quatrième jour, à cinq

heures, on a trouvé la montre et la chaîne; la montre marchait, preuve qu'on l'avait ramassée. Le bon saint avait joué du remords dans l'âme de celui qui avait eu la tentation de s'approprier cet objet..., et, après trois jours, il l'avait fait rapporter à la même place.

Ceci a fait déjà une bonne petite réputation à saint Antoine. J'espère qu'avant peu il aura droit de cité ici.

*
* *

Une dame de Toulon, de nous bien connue, se voyait soumise à une épreuve des plus pénibles. Des créanciers qu'elle ne se connaissait d'aucune façon vinrent, un beau matin, lui réclamer treize mille francs, plus les intérêts de cette somme qui couraient, à leur dire, depuis vingt-cinq ans environ.

A quel propos? De quel droit? C'est ce que se demandait cette dame, fort émue, comme on pense, de cette tardive revendication. Voici ce qu'on voulut bien lui raconter : Son grand-père, mort depuis des années, avait acheté, dans le temps, une maison dont, prétendait-on, il n'aurait jamais payé le prix intégralement. Il s'en fallait justement de cette somme de treize mille francs, plus les intérêts, pour laquelle on comptait sur elle.

Hâtons-nous de dire que ce n'est pas le vendeur qui formulait cette réclamation, car il était mort également, et n'avait, d'ailleurs, de son vivant, jamais parlé de cette créance, mais ses héritiers. La dame se souvint alors vaguement que son grand-père, en achetant cet immeuble, avait dû désintéresser un créancier de son vendeur, et que c'était de là que venait la différence entre le prix de son acquisition et la somme versée à l'époque. Mais les héritiers n'admettaient nullement cette explication. Ils ne voulaient rien entendre et réclamaient leurs treize mille francs.

Le malheur, c'est qu'aucune quittance, aucune pièce établissant le fait allégué pour contester la validité de la créance, ne pouvait être produite. Comment, dès lors, justifier devant la justice que le prix total de la vente avait été versé de façon ou d'autre? Car un procès s'en était suivi, et nous devons dire que l'avocat de la dame, en l'absence de tout document, n'était pas sans préoccupation sur son issue, quel que fût le bon droit de sa cliente. Et l'on imagine aisément l'inquiétude de cette famille qui avait la conviction qu'on lui réclamait ce qu'elle ne devait pas, mais qui n'avait aucun moyen de le prouver. C'était bien là, on l'avouera, un de ces cas désespérés dans la solution desquels triomphe saint Antoine. On le lui recommanda avec instance.

Cependant l'affaire suivait son cours et le jugement était sur le point d'être rendu, quand une des jeunes filles de cette mère de famille si affligée eut subitement l'idée, disons mieux, l'inspiration de compulser certains papiers qui n'avaient, d'ailleurs, aucun rapport avec l'achat de la maison en question. Quelle ne fut pas sa surprise et sa joie en mettant la main sur une pièce, ou plus exactement un chiffon de papier jauni par le temps et tout froissé, conservé en quelque sorte comme par miracle, et qui n'était autre qu'un billet par lequel le vendeur, dont les héritiers faisaient cet injuste procès, se reconnaissait débiteur, envers le grand-père de la cliente de saint Antoine, d'une somme de plusieurs milliers de francs! Or, la date de ce billet étant postérieure, de plusieurs années, à l'achat de la maison, il en résultait que la somme que l'on réclamait avait été indubitablement payée tout entière.

C'est ainsi qu'en décidèrent les juges dont l'avocat, avec ce document providentiel, emporta la conviction. Et comme saint Antoine, d'ordinaire, ne fait pas les choses à demi, les créanciers prétendus se trouvèrent, à leur grande confusion, transformés de fait en débiteurs.

Car tel est pris qui croyait prendre.

*
* *

Dans le courant du mois d'août de l'année 1895, madame D..., à Marseille, en ouvrant un matin un des tiroirs de sa commode, constata avec une profonde émotion qu'un rouleau de 500 francs en pièces d'or avait disparu, ainsi que divers bijoux de famille très beaux, bagues et bracelets, auxquels elle tenait beaucoup en raison des souvenirs qui s'y rattachaient. Dans le nombreux personnel de domestiques de la maison, elle n'en voyait aucun qu'elle pût croire capable d'un pareil vol. Elle avait une confiance égale en chacun d'eux, et, n'ayant jusque-là jamais eu la moindre occasion de suspecter leur probité, elle n'osait soupçonner personne. L'incertitude dans laquelle elle se trouvait à cet égard lui était beaucoup plus pénible, en réalité, que la perte de ses bijoux.

Accidentellement, pour divers travaux, quelques ouvriers avaient été employés dans la maison. Mais non, c'était impossible, elle les connaissait pour la plupart, d'ancienne date, et ne pouvait davantage se résigner à les mettre en cause. Elle fit des recherches qui ne donnèrent aucun résultat.

La police, par elle prévenue du vol, mit, à son tour, beaucoup de diligence dans ses enquêtes.

L'affaire traîna quelque temps, sans aboutir à la découverte du voleur, ce qui malheureusement n'est rare nulle part, et madame D..., dont la perplexité ne faisait que s'accroître, fut bientôt convaincue qu'elle n'y devait plus songer et qu'elle ne retrouverait jamais ses souvenirs de famille. « Et cependant, se disait-elle parfois, si le coupable habite sous mon toit ? » C'était une pensée bien torturante pour une maîtresse de maison.

En désespoir de cause, au bout d'un temps assez long perdu en vaines recherches, elle eut l'idée de recourir à saint Antoine. C'est peut-être par là, me direz-vous, qu'elle aurait dû commencer. Elle écrit à l'arrière-boutique, demande des prières pour que saint Antoine veuille bien la tirer de cette inquiétude, et promet aux pauvres la valeur en argent des bijoux, si elle les retrouve. C'était bien moins, répétons-le, pour les bijoux eux-mêmes, quoiqu'elle y tînt pour les raisons que nous venons dire, mais afin de connaître la vérité et de ne plus être tentée de soupçonner aucune des personnes qu'elle avait à son service.

Or, il arriva, sur ces entrefaites, que la police, dont le hasard, ou pour mieux dire la Providence, facilite parfois la besogne, eut, pour un vol tout différent, à opérer certaines perquisitions à domicile, chez des individus soupçonnés d'en être les auteurs ou tout au moins les receleurs. Un agent de la Sûreté, en se livrant à son enquête, aperçut fortuitement au doigt d'une fille galante de bas étage une bague dont la richesse lui parut contraster un peu avec l'infime condition de celle qui s'en parait, non sans une certaine ostentation. Il l'examine plus attentivement du coin de son œil investigateur, sans en avoir l'air. — « Elle a tout de même une bien belle bague, cette drôlesse », se disait-il. En y songeant, il en vint à se demander, à part lui, si ce n'était point là un des bijoux dont la description avait été donnée naguère à la police.

Il se hâte d'informer ses chefs de sa conjecture, et quelques instants après madame D..., mise en présence de cette fille, reconnaissait les bagues et les bracelets auxquels elle tenait tant, et son trouble était grand de les voir portés par une personne aussi peu estimable. L'enquête révéla que le vol avait été commis par un ouvrier dont madame D... se croyait sûre.

On comprend si la dévotion de madame D... s'en est accrue envers le grand saint qui lui a fait retrouver à la fois et ses bijoux volés et sa tranquillité d'esprit perdue.

***

M. Urmaz-Coppin, le directeur de la petite revue

antonienne la *Charité*, fondée par lui à Ath (Belgique) pour propager l'œuvre du Pain des Pauvres, traversait Toulon, se rendant à Padoue. Nous eûmes le plaisir de le rencontrer dans l'arrière-boutique et voici, entre autres, le joli trait qu'il nous conta :

Il y a quelque temps, le curé de Saint-Nicolas, à Bruxelles, visitant le tronc de saint Antoine, y trouvait une bague de prix, un magnifique brillant. Il aurait pu, sans doute, supposer que c'était une offrande pour les pauvres. Mais cette idée ne lui vint pas, ou, du moins, il ne s'y arrêta guère. En examinant de près le bijou, il découvrit un nom de famille gravé dans l'intérieur de l'anneau. Il chercha ce nom dans l'annuaire de Bruxelles et ne l'y trouva pas ; dans la liste électorale, pas davantage. Il mit de côté la bague et n'y pensa plus. Ces recherches avaient pris du temps, près d'un mois. Un beau jour, l'idée lui vint de compulser la liste de la confrérie de Saint-Antoine-de-Padoue érigée dans la paroisse de Saint-Nicolas et qui est très florissante. Le nom s'y trouvait, suivi d'une adresse. C'était celui d'une dame habitant les environs de Bruxelles. Il écrivit à cette dame, la priant de vouloir bien passer chez lui à la première occasion.

Justement cette dame, le lendemain, avait à venir à Bruxelles pour des emplettes, avec sa sœur qui habite le pays de Charleroi, mais qui se trouvait ce jour-là chez elle, en visite. Elle se rend chez le curé et, lui présentant sa lettre, lui demande ce qu'il peut avoir à lui dire. Mais subitement sa sœur, avant que le curé n'eût ouvert la bouche, de s'écrier : « Oh ! je sais pourquoi M. le curé vous a fait venir; c'est pour ma bague, que j'ai perdue il y a deux ans! » Elle expliqua que, très affligée de n'avoir pu la retrouver, elle avait peu de jours auparavant fait une promesse de pain à saint Antoine.

Que l'inconnu qui avait trouvé ce bijou et l'avait gardé si longtemps, enfin poussé par le remords, mais ignorant sa propriétaire, ait eu l'idée de s'en remettre à saint Antoine pour le faire arriver à son adresse, et de le déposer dans le tronc, c'est, nous semble-t-il, un de ces gracieux expédients qui donnent parfois tant de piquant et d'imprévu aux faveurs que le bon saint accorde à ses clients.

***

Au mois de mars 1897, un vol des plus importants était commis à X... (Landes) ; une somme de quarante-cinq mille francs, représentant les économies de toute une vie de labeur, était volée par un ouvrier accidentellement employé dans la maison. Le vol fut accompli au milieu du brouhaha d'un déménagement. Les soupçons se portèrent sur cet ouvrier. La police fut avertie, mais trop tard, car il avait eu le temps d'aller cacher en lieu sûr cette petite fortune. Convaincu toutefois d'être l'auteur de ce détournement, le malheureux préféra se donner la mort plutôt que d'avouer où il avait caché l'argent.

On le chercha pendant de longs mois, on pense avec quelle fièvre, sans qu'à aucun moment le moindre indice permît d'en trouver la trace, et il semblait bien que les victimes de ce vol devaient en faire leur deuil. C'est à ce moment que le livre des merveilles de l'arrière-boutique fut prêté à une des personnes intéressées. Elle n'hésita pas à recourir à saint Antoine, et, le 13 août dernier, écrivait à ce sujet à mademoiselle Bouffier. Après lui avoir raconté les faits que nous venons de résumer, et demandé des prières, l'informant qu'on commencerait une neuvaine le dimanche suivant, fête de la Sainte Vierge, et s'engageant à une offrande très sérieuse, la correspondante ajoutait ces réflexions originales qui firent sourire mademoiselle Bouffier :

Je pensais à une chose. Peut-être saint Antoine pourrait-il vous donner une idée, soit dans un rêve, ou d'autre façon ; communiquez-la-moi de suite.

Saint Antoine ne révéla rien du tout à son Intendante, mais n'en accueillit pas moins favorablement les prières qui lui furent adressées par une famille si douloureusement éprouvée. Deux mois encore s'écoulèrent sans nouvelle, mais le 4 octobre, la lettre suivante, de X..., informait mademoiselle Bouffier que le trésor caché venait d'être découvert :

C'est avec une grande joie, écrivait-on, que je viens vous annoncer que l'argent a été retrouvé intact samedi, jour de la Sainte Vierge. Vive saint Antoine ! Veuillez le remercier avec nous. Il nous a rendu, avec l'argent, la paix, le calme et le bonheur. Ne doutez pas de la fidélité avec laquelle nous nous acquitterons envers lui.

P. S. — Je vais acheter la statue de saint Antoine et la poser dans l'église de la commune que j'habite, car il n'y en a pas.

*
* *

Dans le courant du mois d'août 1896, deux cultivateurs, le mari et la femme, fort affligés tous deux, venaient frapper à la porte de M. l'abbé Bertrand, le digne curé de Seillans, petite localité de 1,700 âmes de l'arrondissement de Draguignan (Var).

— Monsieur le curé, lui dirent-ils, nous venons d'être volés. On nous a pris 700 francs, toutes nos économies, et deux chaînes en or. C'est une grosse perte pour nous, et nous sommes bien malheureux.

— Et ne soupçonnez-vous personne? demanda le curé qui s'empressa de compatir à leur chagrin.

— Nous avons bien eu l'idée que le fermier pourrait avoir fait le coup. Mais, vous comprenez, on hésite toujours à accuser son prochain, quand on n'est pas sûr. Alors, on nous a dit, monsieur le curé, que vous aviez dans votre église un saint qui fait des miracles et fait surtout retrouver ce qu'on a perdu. Et nous sommes venus pour le voir...

— C'est saint Antoine, que vous voulez dire, reprit le curé en souriant. En effet, mes amis, il opère beaucoup de merveilles; je vous conseille de vous adresser à lui.

— Et qu'est-ce qu'il faut que nous fassions pour ça?

— C'est très facile, mes amis : il faut prier et donner du pain aux pauvres.

— Oh! nous donnerons ce qu'il faudra.

— Rien ne presse. Attendez que le saint vous ait exaucés. On ne paie saint Antoine qu'après. Il suffit pour le moment que vous lui promettiez quelque chose. Ce que vous voudrez.

— Nous lui promettons, bien sûr, une bonne somme. Et que faut-il lui dire, à votre saint?

Et le curé, que touchait cette belle simplicité, répondit :

— Eh bien, mais, dites-lui : « Saint Antoine, faites-nous trouver notre voleur. »

— *Pas mai*, dit la femme profondément étonnée, *ren qu'aco*? (1)

— Oui, pas davantage.

— Ce n'est pas bien difficile... Et nous retrouverons notre argent?

— Ça, par exemple, reprit le curé, c'est l'affaire de saint Antoine. Priez-le, c'est l'essentiel. Il en a fait bien d'autres, allez. Ayez confiance.

Deux semaines plus tard, la femme, toujours plus triste, revenait au presbytère :

— C'est vous, ma brave femme, lui dit le curé. Eh bien ! et votre voleur?

— Nous ne l'avons pas encore trouvé, monsieur le curé. Nous sommes toujours là. Pas moins, nous n'avons pas encore manqué un soir de dire à saint Antoine : « Saint Antoine, faites-nous trouver le voleur. » Et maintenant, faut-il que nous continuions, monsieur le curé? Qu'en dites-vous?

— Bien sûr, dit le curé ; il ne faut pas se décourager si vite, continuez.

Et les braves gens continuèrent tant et si bien que le saint finit par entendre leur naïve supplique.

Et quelques jours après, la bonne femme accourait, mais la joie dans le cœur et dans les yeux, cette fois, transfigurée :

(1) Pas davantage. Rien que cela.

— Oh! monsieur le curé, votre saint... Nous les avons nos 700 francs... Il nous a fait trouver le voleur!... Figurez-vous, raconta-t-elle, que je continuais à soupçonner le fermier. Hier, j'eus l'idée, je ne sais pourquoi, d'aller le trouver et je lui ai dit : « Maître un tel, est-ce que vous ne pourriez pas me prêter un peu d'argent, pour quelques jours? » Je lui ai dit ça comme autre chose, et voilà mon homme qui change de figure, et me fait tout d'un coup : « Tenez, j'aime mieux vous dire la vérité, c'est moi qui ai pris votre argent. » Il va le chercher et le pose devant moi : « Voilà vos deux chaînes, voilà vos sept cents francs, ne me perdez pas. Il manque vingt-cinq francs à la somme; je m'en suis servi pour m'acheter une veste. Vous me les retiendrez sur mon mois, si ça ne vous fait rien. » Vous devinez, monsieur le curé, si j'étais contente. Ah! c'est pour le coup que nous allons y croire à votre saint, mon homme et moi! Qui aurait pu croire une chose pareille! »

Inutile de dire que le bruit du prodige, bientôt répandu, n'a pas peu contribué à accroître, dans le pays, le crédit de saint Antoine.

*
* *

Il n'en coûte pas plus à saint Antoine de faire retrouver les personnes que les choses C'est fréquemment qu'on écrit à mademoiselle Bouffier : « Je n'avais plus de nouvelles de mon mari, de mon fils, de mon frère ; je me suis adressée à votre saint et je viens de recevoir une lettre de l'absent!... »

En ce genre, on trouverait difficilement, croyons-nous, un trait, plus réussi que le suivant :

Un jour, la Mère Marie-Sainte-Maxime, supérieure de l'orphelinat de Garéoult (Var), sur la recommandation de l'excellent abbé Fouque, vicaire de la paroisse de la Trinité à Marseille, accepta de se charger de deux petites orphelines corses, l'une de sept ans et l'autre de cinq.

Le père vint lui-même les accompagner ; il ne remit aucun papier, ni extrait de naissance, ni acte de baptême. Mais il promit de les envoyer sans retard.

Trois ans se passèrent sans qu'on entendît parler de lui. Deux lettres qu'on lui écrivit à une adresse donnée à Marseille demeurèrent sans réponse, une troisième retourna avec la mention *inconnu.*

Quoiqu'on pût supposer que ces deux fillettes étaient baptisées, il fut impossible de les admettre au catéchisme de la paroisse, en l'absence de tout document positif, et de les préparer à la première communion. Cette situation n'était pas sans causer quelque souci à la Mère supérieure.

Or, un soir, vers sept heures, à la nuit close, on sonne à la porte de la maison.

C'est un homme, étranger à la localité, qui demande à parler à la supérieure; il se nomme : c'est M. B..., le père des deux petites abandonnées depuis si longtemps.

La Mère les fait appeler, et toutes deux, apprenant qu'on les demandait au parloir, d'un même élan, s'écrièrent : « C'est papa, c'est papa ! nous l'avions demandé à saint Antoine ! »

L'étranger expliqua son long silence, justifié par bien des vicissitudes, et le lendemain, après une journée passée avec ses enfants, il repartit.

Après son départ, l'aînée vint, en confidence, trouver la supérieure, et lui dit, ingénument : « Ma Mère, pour que saint Antoine nous fît retrouver notre papa, nous avions promis de lui donner pour les pauvres tous les sous que notre papa nous donnerait. » Et elle lui mit dans la main une pièce de cinq francs et trois sous.

A quelque temps de là, la Mère supérieure recevait de Saint-Raphaël (Var) une lettre singulière.

C'était un jeune homme de vingt ans qui s'informait de ce que pouvaient bien être devenues deux orphelines de père et de mère, confiées à la maison, il devait y avoir, disait-il, environ huit ans, l'aînée ayant à cette époque cinq ans, la cadette deux ans.

« Ces deux enfants vivent-elles encore ? » c'est la question que posait ce correspondant imprévu qui se donnait comme leur frère, un frère dont les pauvres petites avaient bien entendu vaguement parler, mais qu'elles pouvaient croire mort, après huit ans !

La bonne sœur, assez intriguée et flairant là-dessous quelque nouveau tour du saint, pénètre dans l'atelier, et dit :

— Y a-t-il donc ici encore quelqu'un qui prie saint Antoine ?

— Moi, moi, notre mère, s'écrient les deux fillettes tout d'une voix.

— Alors, vous attendez donc toujours des nouvelles de votre frère ?...

— Oh ! oui, dirent-elles, nous avons bien prié saint Antoine pour cela.

— Eh bien, mes enfants, il vit, et voici ce qu'il m'écrit.

Et les deux fillettes, à cette réponse du saint, éclatèrent en sanglots.

*
* *

Saint Antoine fait aussi retrouver la raison perdue.

Une dame de R... (Charente-Inférieure) avait dû se résigner à mettre dans une maison de santé sa mère atteinte d'une maladie mentale.

Quoique, de l'aveu des médecins, on ne dût conserver aucun espoir de guérison, madame G. R., convaincue que rien n'est impossible à saint Antoine, n'hésita pas, dans sa douleur, à recourir à son intervention. Dans le courant du mois de décembre 1896, elle écrivit à mademoiselle Bouffier pour lui demander de faire prier pour sa mère, lui promettant trois cents francs si la pauvre femme guérissait.

Ce fut le jour de Noël que la réponse de l'Intendante l'assurant des prières des pauvres de l'arrière-boutique, lui parvint, et quelques jours après, madame G. R. en recevait une autre du médecin en chef de la maison de santé où se trouvait la chère malade, et celle-là n'était guère de nature à lui faire espérer que saint Antoine voulût l'exaucer.

Le médecin lui écrivait, en effet, qu'il croyait devoir informer la famille d'une complication sérieuse survenue dans la santé physique de la malade. Elle venait d'être atteinte d'une bronchite avec congestion pulmonaire, son état était grave et inspirait les plus vives inquiétudes.

Il n'en fallut pas davantage pour déterminer madame G. R. à se rendre sans délai auprès de sa mère. Celle-ci la reconnut très bien ; elle était déjà beaucoup mieux. Mais ce qui frappa sa fille, c'est qu'elle n'eut pas un moment d'absence, tandis qu'auparavant, quoiqu'elle reconnût toujours les siens, elle ne cessait de déraisonner.

Ce fait étonna et réjouit beaucoup madame R.; le médecin n'en fut pas moins surpris qu'elle. On constata que cette lucidité d'esprit qu'on avait crue accidentelle persistait, et quand madame R., avant de repartir, se hasarda à demander au médecin s'il ne pensait pas qu'au beau temps il serait peut-être possible d'emmener la malade, il répondit qu'il ne s'y opposerait pas, car il était bien obligé de reconnaître que la maladie qu'elle venait de faire semblait lui avoir réveillé l'intelligence.

On eut en janvier de bonnes nouvelles qui confirmèrent ces pronostics. « La malade, écrivait-on, est dans un état de faiblesse mentale très grand, mais elle est tranquille et nullement inquiète. »

Enfin, dans les premiers jours de mars, nouvelle lettre du médecin : « L'état de la malade, disait-il, est très amélioré, ses facultés sans doute sont et resteront très affaiblies; mais sa tenue est bonne, elle est tranquille et capable de se rendre utile. »

La lettre du médecin en contenait une autre que la malade avait fait écrire à sa fille pour qu'elle vînt la chercher au plus tôt.

« Et nous nous sommes empressés d'y aller, écrit le 22 avril madame G. R., et nous avons, maintenant, la grande joie de posséder notre mère au milieu de nous. Et, ce qui vous montrera le progrès qu'elle a fait, M. le curé l'a admise à faire ses Pâques, le jeudi saint. Quant au médecin, il n'en revient pas : « Au point où elle en était, nous a-t-il dit, il est vraiment extraordinaire qu'elle soit guérie. » Ah ! mademoiselle, c'est là l'œuvre du bon saint Antoine ; ayez la charité de remercier pour nous le bon Dieu et saint Antoine de cette grande grâce, et remerciez aussi, s'il vous plaît, tous ceux qui ont prié pour la guérison de notre chère malade. »

*
* *

Il y a quelque temps, à la poissonnerie de Toulon, mademoiselle d'A. fut très surprise de voir sa marchande pleurant à chaudes larmes, derrière son banc :

— Qu'avez-vous donc, ma brave femme? lui demanda-t-elle avec intérêt. Vous est-il arrivé quelque malheur ?

— Oh ! un gros malheur, allez, mademoiselle : j'ai une sœur qui perd la tête. Figurez-vous qu'elle a la folie de la persécution. Elle parle tout le temps de se détruire, de se jeter par la fenêtre, et comme nous ne la perdons pas de vue, je crois qu'elle veut se laisser mourir de faim. Ce n'est pas terrible, dites, des choses semblables ?

— Mais vous ne l'avez pas conduite au médecin ?

— Oh ! bien sûr. Pensez ! Mais ils disent qu'il n'y a rien à faire, que c'est incurable. Et il y a longtemps, savez-vous, la pauvre, qu'elle est comme ça !

— Eh bien, reprit mademoiselle d'A., il faut essayer d'autre chose. Vous n'avez donc pas songé à la recommander à saint Antoine ?

Et tirant de sa poche le petit opuscule du R. P. Marie-Antoine, *les Grandes Gloires*, dont elle use fréquemment pour ses dévotions, mademoiselle d'A. ajouta :

— Il faut demander à saint Antoine de guérir votre sœur, et vous allez faire pour cela les treize mardis. Je les ferai moi-même à son intention. Vous trouverez dans ce petit livre les prières qu'il faut dire pour cela. C'est très facile. Allons ! c'est entendu, vous me le promettez, n'est-ce pas ? Ne pleurez plus ; vous verrez que saint Antoine vous exaucera. Ayez confiance.

Elle fut, certes, plus d'une fois sur le point de désespérer du succès de son instance, la brave poissonnière, car, quoique fidèle à la promesse faite à mademoiselle d'A. de prier régulièrement le bon saint, elle constatait avec tristesse qu'il ne se produisait aucune amélioration dans l'état de la malade. Elle atteignit tout de même le treizième mardi et ce fut alors que sa foi et sa persévérance reçurent leur récompense. A dater de ce jour, en effet, il se produisit un changement des plus notables dans l'état d'esprit de la malade. Et l'on put voir l'amélioration s'accentuer à tel point que, bientôt, à la grande joie de la famille, on put considérer la guérison comme complète. Elle a retrouvé la gaîté, elle travaille et raisonne comme tout le monde et ne donne plus le moindre sujet d'inquiétude à sa sœur. Aussi celle-ci ne tarit-elle pas dans l'expression naïve de sa reconnaissance. Elle ne rencontre pas une fois mademoiselle d'A. sans lui dire d'un air de componction qui fait sourire celle-ci :

— Mon Dieu, mademoiselle, vous avez fait un miracle !

***

Saint Antoine rend aussi l'honneur aux innocents auxquels il fut injustement enlevé. Il suffit de l'invoquer, suivant le mot de saint Bonaventure, pour que « les chaînes tombent d'elles-mêmes ».

C'est de D... Basse-Bavière qu'on écrit en août 1897 :

Remercions saint Antoine, chère demoiselle. Il m'a exaucé d'une manière miraculeuse. Je vous avais suppliée de prier pour moi et pour mon frère qui devait passer devant les tribunaux. Les débats ont eu lieu et ont duré près de quinze jours, du 24 mai au 4 juin. L'accusation produisait cinquante témoins et des personnes de haut rang, et les journaux m'épouvantaient avec les nouvelles qu'ils donnaient. Oh ! comme je tremblais dans l'attente de la sentence! Le 5 juin me parvenait une dépêche m'annonçant que mon frère était déclaré innocent et mis en liberté. Jamais je n'aurais cru qu'une telle sentence fût possible. Et tout le monde dit que c'est un miracle de saint Antoine que j'avais choisi pour avocat de mon frère. »

De Warmsdorf (Autriche), le 11 octobre 1897 :

J'ai été injustement accusée et saint Antoine a fait triompher mon innocence. Je vous envoie 1 fr. 50 pour le pain des pauvres.

De Saint-Étienne (Loire), le 3 novembre :

Une personne qui m'est chère vient d'être compromise dans une affaire dont sa bonne foi ne lui avait pas permis de se méfier. Tout l'enfer s'était déchaîné pour la confondre. Mais ses ennemis comptaient sans la puissance de Dieu et de saint Antoine, et devant les tribunaux où on l'avait appelée, les méchants ont été confondus et l'innocence vengée.

Le 10 août 1897, une lettre désolée était envoyée de Saint-Fulgent (Vendée), dont le curé, M. l'abbé Girard, sous le coup d'une horrible et inique accusation d'infanticide, venait d'être mis en prison. On réclamait avec larmes les prières de l'arrière-boutique pour déjouer l'infâme machination de la Franc-Maçonnerie qui veut à tout prix déshonorer le clergé. Ces prières ne furent pas inefficaces, car le 19 septembre une nouvelle lettre faisait connaître le triomphe de l'ecclésiastique persécuté :

Magnificat! l'épreuve est terminée. Voici l'offrande promise à saint Antoine. Notre cher prisonnier a été reçu triomphalement dans sa paroisse. Le bon Dieu ne pouvait permettre que son innocence ne fût pas reconnue.

Remercions ensemble saint Antoine d'avoir obtenu de Dieu une grâce si précieuse pour l'honneur de la religion.

*
* *

On comprendra les raisons de haute prudence qui nous commandent de taire le lieu d'origine des trois lettres qu'on va lire. Mais on jugera sûrement qu'elles sont par elles-mêmes suffisamment éloquentes.

La première parvenait à l'Intendante vers la fin de juillet 1897. C'était un cri de détresse adressé à saint Antoine de Toulon.

Mademoiselle,

J'ai l'honneur de vous envoyer ci-inclus un modeste mandat de 10 fr. pour le Pain de saint Antoine. Au secours ! au secours ! Mademoiselle, sauvez, par vos prières à saint Antoine, un pauvre prêtre *qu'on menace d'un chantage horrible.* Au secours ! au secours ! au secours !... Saint Antoine, ami de Jésus, secourez-nous, protégez-nous...

A l'assurance des prières des pauvres de saint Antoine que l'Intendante s'était empressée de lui donner, le pauvre curé répondit, le 3 septembre, par la lettre que voici :

« Mademoiselle,

Merci de votre bonne petite lettre si consolante pour moi. J'en avais bien besoin dans la terrible épreuve que je traverse et qui n'est pas finie. Tout y a passé : tentative de chantage, demande de gages indus, inculpation de tentative d'assassinat calomnieusement inventée pour les besoins de la cause, plainte pour débauche d'enfants, que sais-je? toute une série noire, abominable, diabolique.

Ah ! je vous en prie, mademoiselle, encore une bonne prière de vous à notre bon et bien-aimé saint pour qu'il débrouille cette trame criminelle au mieux des intérêts de la gloire de Dieu et du salut de mon âme. Je promets volontiers 10 fr. par mois pour l'œuvre du Pain, pendant un an, si nous réussissons.

Mille mercis pour tout ce que vous voudrez bien faire pour un prêtre traqué par l'esprit du mal, et veuillez agréer, etc.

Le 18 octobre, saint Antoine avait vaincu, l'honneur sacerdotal était vengé et le diable en fuite.

Mademoiselle,

Béni soit le Seigneur qui nous a donné la victoire par N.-S.-J.-C. et par l'intercession toute-puissante de saint Antoine, son ami bien-aimé. Ci-joint un premier mandat de 10 fr. pour le Pain des Pauvres, comme premier merci.

Mes détracteurs se sont enfuis sous le poids du mépris public, leurs plaintes invraisemblables mises au panier, leurs demandes de gages indus rejetées par la justice; tout s'est terminé pour le mieux.

Vous voudrez bien m'aider, mademoiselle, à acquitter ma dette de reconnaissance vis-à-vis de notre bien-aimé saint et me continuer encore le concours de vos excellentes prières, afin que mes ennemis reviennent à de meilleurs sentiments.

Avec le satanique système d'outrages et de diffamations dont la secte maçonnique se fait contre le clergé une arme de prédilection, quels prêtres pourraient se croire à l'abri d'une épreuve analogue à celle dont on vient de lire les émouvantes péripéties !

Que du moins l'exemple du prêtre victorieusement vengé de la calomnie les instruise, et que, le cas échéant, ils n'hésitent point à recourir à l'invicible thaumaturge.

*
* *

Nous disons invincible! Ah! c'est bien le titre qui lui convient et que ratifieront les lecteurs après le trait suivant, qui mérite un chapitre spécial.

CHAPITRE SEPTIÈME

« LES LIENS DES CAPTIFS SONT BRISÉS »

Je vois encore la stupéfaction de mademoiselle Bouffier lorsqu'un soir de novembre 1894, je lui dis :

— Je viens, mademoiselle, vous demander des prières, pour que saint Antoine fasse sortir du bagne un forçat condamné à perpétuité !...

Si habituée qu'elle fût à tout demander à son saint, je dois convenir que devant le miracle qu'on voulait de lui, l'Intendante demeura interdite ; elle laissa tomber ses bras, dans un geste découragé. Nous nous regardâmes un instant, en silence, puis, se ressaisissant, elle me dit :

— Mon ami, tout est possible à Dieu ! Le mieux est de ne pas réfléchir, mais de prier.

Et, nous agenouillant dans l'oratoire, nous récitâmes la première prière qui ait été dite, en ce lieu béni, pour arracher à l'enfer du bagne la victime d'une des plus déplorables erreurs judiciaires de ce temps-ci, Louis Cauvin, l'infortuné héros de l'affaire désormais célèbre de la Blancarde.

*
* *

Rappelons brièvement les faits.

Dans la nuit du 16 au 17 décembre 1891, une vieille femme de quatre-vingts ans, madame Mouttet, était trouvée étranglée, au quartier de la Blancarde, près de Marseille, dans la petite villa qu'elle habitait avec une jeune servante de quinze ans et demi, appelée Marie Michel.

L'hypothèse d'un accident fortuit, que Marie Michel essaya d'abord de faire admettre, ayant été écartée, à la suite d'un premier examen médical, cette fille fut arrêtée sous l'inculpation de meurtre. Après huit jours de détention préventive, pendant lesquels le juge d'instruction la soumit à des interrogatoires longs et répétés, Marie Michel s'avisa d'accuser Cauvin d'avoir été son complice dans l'exécution du crime, afin, a-t-elle dit depuis, « d'entrer dans les vues du magistrat qui soupçonnait ce dernier ».

Qu'était Cauvin pour madame Mouttet ?

Un fils adoptif. Quoiqu'elle eût deux frères, c'était à Cauvin, appartenant à une très honorable famille de Marseille, que madame Mouttet réservait sa fortune. Elle le connaissait depuis l'âge d'un an, l'avait vu grandir, et s'était de jour en jour attachée à lui davantage. Elle avait voulu le marier elle-même. Cauvin habitait une villa à quelques centaines de mètres de celle de sa bienfaitrice. C'était lui qui gérait ses affaires, et il était de notoriété publique qu'elle avait fait son testament en sa faveur.

Marie Michel était une enfant de l'hospice de Toulon. Ses antécédents n'étaient pas irréprochables. C'est M. Eugène Simond, administrateur de l'hôpital civil de Toulon et l'un des frères de madame Mouttet, qui l'avait placée auprès de sa sœur. Son caractère était sournois et violent. La déposition d'une des sœurs de l'hospice nous la montrera, dans un accès de colère, saisissant un couteau pour en frapper une de ses compagnes.

En vain le malheureux Cauvin opposa-t-il les plus énergiques dénégations à l'effroyable accusation que cette fille faisait peser sur lui. En vain son beau-père, sa belle-mère, sa femme, sa servante Virginie Chalvet, attestèrent-ils, avec une vigueur unanime, que le soir du crime il n'était point sorti de chez lui. En vain son patron lui-même, un protestant, déclara-t-il qu'il n'avait jamais cessé un instant de croire à l'innocence absolue de son employé, et qu'il n'attendait que la fin de son épreuve pour le reprendre à son service. Sur les affirmations réitérées, quoique diverses et contradictoires, de Marie Michel, Cauvin était condamné le 2 juin 1892 aux travaux forcés à perpétuité par la Cour d'assises des Bouches-du-Rhône, en présence de sa mère et de tous les siens accourus pour l'entourer et se porter garant de son innocence!... Marie Michel fut acquittée et remise en liberté, quoiqu'elle eût avoué sa complicité. L'avocat de Cauvin, Me Jourdan, du barreau de Marseille, depuis député radical-socialiste du Var, déclara, devant ce verdict qui déjouait ses légitimes espérances, que jamais il ne plaiderait plus en Cour d'assises!

La Cour de cassation, le 16 juillet 1892, cassa cet arrêt, « *pour actes d'instruction faits incompétemment par le ministère public, en violation des droits de la défense* (!). »

L'affaire revint, le 19 novembre 1892, devant la Cour de Montpellier. Marie Michel, l'accusée d'hier, y fut appelée comme témoin. Elle réitéra avec une sauvage énergie ses accusations contre Cauvin : « Oui, oui, c'est vous qui êtes l'assassin, » criait-elle. « Oui, c'est vous; osez le nier!... »

De nouveau Cauvin s'entendit condamner aux travaux forcés à perpétuité.

Entre temps, son beau-père était mort, tué par cette catastrophe (24 août 1892), après avoir écrit le 12 juin à celui qu'il aimait comme un fils une lettre qu'on ne peut lire sans émotion.

Mon cher Louis, je suis anéanti par ce malheur, aussi injuste qu'inattendu. Moi dont la jeunesse a été exposée à tous les dangers, moi qui ai risqué cent fois ma vie pour arriver à quelque chose, en être réduit dans ma vieillesse à voir mon malheureux enfant, si généreux, si dévoué, soumis à une torture pire que la question !

. . . .

Pense toujours à ta femme, mon cher enfant ! Elle souffre comme toi. Nous, nous avons vécu, et vous, pauvres enfants, vous commencez à vivre ! ! Tu sais qu'après nous, elle n'a que toi sur la terre...

Il arrive tant d'événements imprévus dans l'existence qu'on ne peut pas croire qu'il faille renoncer à toute espérance : ce serait trop affreux et vous n'avez pas mérité un sort pareil.

Reprends courage, sois patient ! Tu as de vrais amis ; nous irons jusqu'au bout du monde s'il le faut plutôt que de t'abandonner (1). »

Cet honnête homme, foudroyé par le malheur, n'était pas la seule victime que la justice humaine devait immoler.

(1) Plaidoirie de Me Decori devant la Cour d'assises de Lyon, page 34.

*
* *

Mais voilà donc le forçat sur la route du bagne et sa famille submergée sous la honte et le déshonneur.

Des années se passèrent pendant lesquelles Cauvin étonna par sa douceur, sa bonne conduite, sa résignation, ses directeurs et ses gardiens qui proclamaient à l'envi son innocence.

Qu'était devenue Marie Michel ?

On ne savait. Placée quelque temps à Draguignan, ensuite dans une petite localité du Var, elle avait été finalement ramenée à Toulon par M. Simond.

Mais qui s'en préoccupait ? Le silence ne commençait-il pas à se faire sur ces tragiques événements ?

Celle qui s'en préoccupait, c'était l'inconsolable mère de Cauvin. Elle savait que Marie Michel avait menti, et, depuis la condamnation de son fils, elle ne passait pas un seul jour, la mère héroïque ! — je le tiens de sa bouche, — sans demander à Dieu la conversion de la malheureuse. « Il n'y a, me disait-elle, contre mon Louis que les mensonges de cette fille ; qu'elle se repente, qu'elle parle et mon fils est sauvé. »

C'est dans la même espérance que vivaient tous ceux qui, dans l'entourage de la famille

Cauvin, avaient été mêlés à cette affaire. Il en existe un témoignage écrit des plus remarquables et que nous nous en voudrions de ne pas citer. C'est une lettre de Virginie Chalvet, la servante de Cauvin, celle qui attestait avec tant d'énergie que son maître était chez lui quand, dans la nuit du 16 décembre 1891, Marie Michel, éperdue, vint à sa porte raconter que, prise de peur, elle avait quitté la villa de sa maîtresse en l'entendant crier dans sa chambre qu'elle étouffait ! Cette honnête fille protestait que Marie Michel mentait, et, en dépit de la prison préventive qu'on lui fit subir et du secret où on la maintint plus d'un mois, elle ne varia jamais dans ses déclarations. Quelque temps après le procès, elle alla s'établir dans l'Ardèche, et voici, à l'époque de son mariage, ce qu'elle écrivait à madame Aymes et à madame Cauvin :

Les Assions, 8 juin 1893.

Madame Aymes, Madame Cauvin,

. . . .

Ne nous décourageons pas, mesdames ; ce nuage sombre qui cache la vérité se déchirera un jour, il faut l'espérer. Cette gueuse (*elle désigne ainsi Marie Michel*) parlera peut-être un jour, poussée par le remords, et osera dire ce qu'elle a jusqu'ici effrontément caché et brodé de mille mensonges. Prions afin que Dieu lui donne la grâce d'éprouver le remords d'avoir été la cause de tant de malheurs.

C'est une grâce, en effet, pour vous, mesdames, tout d'abord, pour elle ensuite; car si elle a échappé à la justice humaine, elle n'échappera pas à la justice divine.

La gueuse, elle a fait condamner l'innocent ! quel poids sur sa conscience ! Espérons que ce poids tôt ou tard sera trop lourd à supporter. Béni soit ce jour fortuné qui viendra calmer une si poignante douleur et vous rendre ce bonheur qui vous a été si injustement ravi.

Alors mon bonheur sera complet, car, croyez-le, mesdames, ce qui vous est sensible m'est sensible à moi-même. Mon mari et toute ma famille se joignent à moi pour vous adresser les paroles les plus sympathiques.

Eux aussi partagent votre douleur et désirent vivement que la vérité soit connue.

Veuillez mesdames, être assez bonnes pour me donner de vos nouvelles.

Dans cette attente, recevez, mesdames, l'expression de mes sentiments d'affection et de respect.

Virginie Berger (née Chalvet).

Les Bourrels, commune des Assions, par les Vans (Ardèche) (1).

La date seule de cette lettre suffit à prouver qu'elle n'a pas été écrite pour les besoins de la cause.

(1) Mémoires pour Cauvin, par Mᵉ Decori.

Quoi de plus chimérique, humainement parlant, que cet espoir en une conversion possible, formulé dans des termes aussi explicites, en 1893 ! !

*
* *

Il y avait un peu plus d'un an que j'habitais Toulon, lorsqu'en octobre 1894, un ami commun traversant cette ville eut l'occasion de m'entretenir, fortuitement, de l'inénarrable désolation de la famille du condamné. Quoique un peu sceptique, à ce moment-là, je l'avoue, sur l'injustice dont Cauvin avait pu être la victime, et médiocrement disposé à partager les illusions des siens, sur la revision de son procès, l'esprit tout rempli des merveilles de l'arrière-boutique dont je venais de raconter l'histoire, je ne pus me tenir de dire à mon ami : « Mais que la famille Cauvin confie donc cette affaire à saint Antoine. Voici, en effet, qui me paraît providentiel. C'est à Toulon, dans la ville du Thaumaturge, que se trouve actuellement la malheureuse d'où lui est venu son malheur. Dites à ces pauvres gens de faire une promesse pour le Pain des Pauvres. Surtout, ne manquez pas de les prévenir qu'on ne s'acquitte envers saint Antoine que lorsque la grâce a été obtenue. Ils peuvent être assurés que mademoiselle Bouffier intéressera à leur grande affliction tous les orphelins et les vieillards que nourrit l'arrière-boutique, et avec eux, dès demain, nous allons demander la conversion de Marie Michel. »

Je conviens qu'en prononçant ces paroles, en faisant luire aux yeux de ces malheureux cette espérance humainement si chimérique, en leur donnant des consolations si peu proportionnées à l'horreur de la catastrophe sous laquelle ils agonisaient, j'avais presque honte de paraître insulter à leur infortune. Dieu sait pourtant que j'étais sincère. Mais pour accepter de demander ce miracle à saint Antoine, il fallait avoir la foi. La mère de Cauvin la possédait, cette foi qui transporte les montagnes, cette foi qui prie sans jamais se lasser. Elle me fit dire qu'elle accueillait avec reconnaissance ma proposition, qu'elle confiait sa cause à saint Antoine de Toulon et demandait des prières pour que la vérité triomphât et que l'innocence de son fils fût reconnue.

La cause de Cauvin, la plus visiblement désespérée de toutes celles qu'on avait coutume de confier chaque jour aux prières de l'arrière-boutique, fut dès lors celle pour laquelle mademoiselle Bouffier, entre intimes, nous invitait à prier de préférence. A nos hochements de tête qui traduisaient nos inquiétudes sur le succès de ces prières, elle répondait :

— Confiance ! confiance ! Si saint Antoine

veut vraiment s'occuper de cette affaire, il saura bien vous le montrer.

Et c'était toujours elle qui ramenait vers le malheureux condamné les pensées des deux personnes qui étaient dans la confidence :

— Et ce pauvre Cauvin ! nous disait-elle, le soir au moment de prendre congé.

Et se tournant vers le saint, elle lui disait :

— O bon saint Antoine, vous qui pour manifester l'innocence d'un accusé n'avez pas hésité à ressusciter un mort, ne ferez-vous rien pour ce pauvre Cauvin, et pour sa malheureuse mère?...

*
* *

Il s'était écoulé de nombreuses semaines sans qu'aucun fait nouveau eût permis de croire que saint Antoine voulait s'intéresser à cette grande infortune, et déjà quelque lassitude se montrait parmi ceux qui, chaque jour, la lui recommandaient, lorsque le lundi 4 mars 1895, traversant d'assez bon matin et tout à fait fortuitement, une des rues les plus fréquentées de Toulon, je vis venir au-devant de moi Mgr Tortel, l'archiprêtre de la cathédrale. J'allais passer en saluant, lorsque le vénérable curé, m'arrêtant, me dit :

— Vous devez connaître l'affaire Cauvin,

monsieur Jouve, puisque vous êtes Marseillais ?

— Assurément, répondis-je, un peu étonné par cette question qui touchait à une de mes préoccupations quasi quotidiennes. Car je ne croyais pas que personne à Toulon, en dehors de mademoiselle Bouffier et de son amie la plus intime, fût à ce moment au courant de la croisade de prières entreprise à l'arrière-boutique.

— Eh bien, ajouta Mgr Tortel, il paraît que Cauvin n'est pas coupable. La fille Marie Michel vient d'avouer qu'elle l'avait faussement accusé. C'est elle qui aurait commis le crime. Elle est à Marseille pour faire sa déclaration au procureur de la République et se mettre entre ses mains !...

— Ah ! monsieur l'archiprêtre, repris-je, surmontant avec peine mon émotion, voilà trois mois que nous demandons ce miracle à saint Antoine.

— Vraiment, dit-il ; eh bien, si ce qu'elle dit est vrai, c'est en effet un prodige de la grâce que la conversion de cette fille !...

On pense si je me hâtai de courir à l'arrière-boutique.

— Victoire ! dis-je en entrant à mademoiselle Bouffier. Marie Michel vient de faire l'aveu de son crime.

Après avoir écouté le récit de ma rencontre avec l'archiprêtre, mademoiselle Bouffier ajouta :

— C'est la prison qui va s'ouvrir devant l'innocent. Si saint Antoine ne devait pas aller jusqu'au bout, il n'aurait pas commencé cette œuvre.

Mais, hélas! que de longs mois devaient s'écouler encore avant la délivrance, et que d'obstacles il restait à surmonter!

*
* *

Voici de quelle merveilleuse façon Dieu s'y prit pour toucher le cœur de la criminelle.

Marie Michel, sous le nom de Marie-Louise qui lui avait été donné pour qu'elle pût passer inaperçue, était, on le sut plus tard, employée à l'hôpital de Toulon aux grossiers travaux de la cuisine. Sa conduite était assez bonne, sauf certains accès de colère. Parfois, cependant, on la voyait soucieuse et préoccupée. C'était un état d'esprit qu'on avait eu déjà l'occasion de remarquer.

« En 1893, en effet, peu de temps après la condamnation de Cauvin, pendant qu'elle était placée à Callian (Var), chez M. le Dr E..., elle avait manifesté, par un fait curieux, certains troubles de son âme. A la suite d'une violente scène, elle avait quitté sa place et s'était enfuie, laissant dans sa chambre un livre ouvert, sur une page duquel elle avait écrit ces mots singuliers :

Ma vie est perdue pour toujours !... Vous ne me reverrez plus — je vais expier ma grande faute... On la rejoint : on la ramène, on l'interroge. Mais elle déchire le feuillet du livre, le jette au feu et retombe dans son mutisme obstiné. Toutefois, à partir de ce moment, son caractère change. Elle, qui autrefois riait et chantait sans cesse, devient taciturne et passe brusquement de la gaîté à la tristesse. Enfin, suivant l'expression de sa maîtresse, elle n'est plus la même. Aussi est-on contraint de se débarrasser d'elle et ce fut alors que M. Simond la plaça à l'hospice civil de Toulon dont il était administrateur » (1).

« En janvier 1895, un religieux vendéen, absolument étranger au pays et ignorant même le mystère de la Blancarde, le P. Breny, vint prêcher une retraite aux religieuses de la Sagesse qui desservent l'hôpital.

» Le prédicateur choisit pour le sujet d'un de ses sermons : l'*ingratitude*, et raconta, à ce propos, l'histoire d'un malheureux, qui, sous la Terreur, dénonça au tribunal révolutionnaire la famille de ses bienfaiteurs. Le père, la mère, les fils furent exécutés, et le dénonciateur lui-même s'improvisa bourreau. Un fils seul survécut en raison de son âge. Longtemps après, le dénonciateur, qui ne reconnut pas ce fils, devenu

(1) Mémoire pour Louis Cauvin, par Félix Decori, avocat à la Cour d'appel de Paris, p. 4.

prêtre, lui avoua son crime en confession, et le jeune homme lui pardonna au nom de la charité chrétienne. » (Déposition du P. Breny, 3 mai 1895) (1).

Ce récit fit, paraît-il, une profonde impression sur l'auditoire. Marie Michel en aurait dû être touchée plus qu'aucune autre. Or, justement elle n'assistait pas à ce sermon.

Les servantes de l'hospice étaient, en effet, laissées libres de suivre la retraite, si cela leur convenait, mais rien ne leur était imposé à ce sujet. Cela n'empêcha pas, bien entendu, le juge d'instruction de s'imaginer, plus tard, que c'était un coup monté et que cette retraite avait été combinée dans un dessein machiavélique.

Les petites camarades de Marie Michel, en la revoyant, après la cérémonie religieuse, n'eurent rien de plus pressé que de lui faire part de leurs impressions :

— Oh ! Marie-Louise, lui dirent-elles, tu as eu bien tort de ne pas venir au sermon. Si tu savais ce que le Père nous a dit !

— Eh bien ! quoi, qu'a-t-il dit de si beau ? Sur quel sujet a-t-il prêché ?

— Hé ! il a prêché, reprit l'une d'elles, ma foi, je ne sais pas, moi ; mais il nous a raconté une histoire.

(1) Mémoire de Me Decori, page 17.

Et alors, à sa façon, elle raconta le trait dont le P. Breny avait agrémenté son sermon.

En entendant ce dramatique récit, Marie Michel devint subitement très rouge. Après quelques secondes de saisissement, elle dit d'une voix sourde, à ses compagnes :

— Moi aussi, j'ai un gros péché comme ça sur la conscience... Il y a longtemps que je voudrais le dire... Mais je ne sais comment faire. Qu'est-ce que vous feriez à ma place?...

— Tiens, dit l'une, naïvement, tu n'as qu'à dire comme tu l'as fait.

La conversation en resta là. Deux jours se passèrent pendant lesquels Marie Michel chercha à s'étourdir; elle affectait même une gaîté bruyante et chantonnait entre ses dents. Cependant la retraite touchait à son terme, et le personnel féminin de l'hospice se disposait à la clôturer par la communion d'usage. La religieuse, frappée des allures de Marie Michel, mais ignorant les confidences qu'elle avait faites à ses compagnes, lui dit : « N'irez-vous pas, vous aussi, Marie-Louise, vous confesser, comme vos amies? »

Elle y fut, et resta une heure dans le confessionnal. Lorsqu'elle en sortit, elle alla se placer devant l'autel et pleura abondamment. Plusieurs jours de suite on la vit pleurer ainsi. Puis, un matin, près d'un mois après, elle demanda à la Supérieure la permission d'aller voir M. l'archiprêtre, auquel disait-elle, elle avait à faire une grave communication.

C'était l'aveu de son crime que Marie Michel était venu faire au P. Breny; elle lui avait dit qu'elle avait menti à la justice, qu'elle seule était coupable, et qu'elle avait fait condamner un innocent.

Mais, lié par le secret de la confession, le religieux ne put que l'engager à aller trouver une personne qui fût en situation de la conseiller, et il lui désigna l'archiprêtre de Toulon comme le personnage le mieux qualifié pour l'entendre et recevoir son épouvantable confidence.

Et lorsqu'elle se présenta à la sacristie de Sainte-Marie et fut en présence de M. le curé, les premières paroles qu'elle prononça furent les suivantes :

— Je viens, monsieur l'archiprêtre, m'accuser devant vous d'avoir fait condamner un innocent. J'ai beaucoup prié saint Antoine de Padoue pour qu'il me donnât la force d'accomplir, jusqu'au bout, mon grand devoir.

⁂

Il n'était pas étonnant, qu'habitant Toulon, dans une maison religieuse, Marie Michel eût entendu parler de saint Antoine. Ce qui mérite, pourtant, d'être noté, c'est la circonstance providentielle qui permit que cette malheureuse s'associât, sans le savoir, aux prières qui étaient dites à l'arrière-boutique *pour sa conversion*. Nous avons raconté dans notre précédent volume (1) comment, aux approches de la Noël de 1894, l'Intendante, attristée à la pensée que les cent cinquante orphelins des deux sexes de l'hospice civil ne participaient pas aux largesses de saint Antoine, écrivit à l'administration de cet établissement pour lui offrir vingt kilos par jour du pain de saint Antoine, et avec quel empressement cette proposition fut accueillie. Il en résulta dans le personnel féminin de l'hôpital un accroissement de dévotion envers le saint aux miracles ; le « gâteau » du bon saint obtint là son succès accoutumé, et l'on n'oublia pas les prières prescrites par mademoiselle Bouffier à l'intention de tous les pourvoyeurs de l'arrière-boutique.

Et voilà comment Marie Michel put, incidemment, avoir l'occasion de prendre part à des prières auxquelles elle était, sans le savoir, intéressée directement, et ainsi s'explique que le nom de saint Antoine qui lui était familier ait été le premier qui lui vint sur les lèvres lorsque, poussée par la grâce, elle se présenta devant Mgr Tortel.

(1) *L'Arrière-Boutique de saint Antoine à Toulon* et le *Pain des Pauvres*, p. 193.

Le vénérable archiprêtre, « frappé de son attitude et de son air de sincérité, » engagea la jeune fille à aller trouver le procureur de la République de Marseille. Elle s'y rendit le 2 mars.

Or, remarquez la coïncidence. La première personne qu'elle rencontre dans l'antichambre du magistrat, c'est Me Masson, du barreau d'Aix, son ancien défenseur. Elle lui dit ce qu'elle vient faire au Palais et lui confesse son crime. Tout ému du récit qu'il entend, et dont il peut à peine croire ses oreilles, Me Masson introduit aussitôt Marie Michel dans le cabinet du Procureur.

Ici, par exemple, la scène change. Ce ne sont plus, désormais, des gens disposés à croire à sa sincérité que Marie Michel va rencontrer.

Le Procureur de la République lui répond sèchement qu'elle vient trop tard, que *l'affaire est terminée, que ce qu'elle* LUI RAPPORTE NE PEUT PLUS SERVIR A RIEN !... Et il lui conseille de repartir pour Toulon au plus vite. Mais Marie Michel n'est pas venue pour s'en retourner ainsi, elle insiste ; elle est coupable, il faut la punir ; il faut surtout mettre l'innocent en liberté, et elle ne partira pas qu'on ne se soit décidé à l'entendre,

Comme elle est sans asile et ne sait où aller, le Procureur lui donne un billet d'admission et l'envoie chez mademoiselle de Villars, directrice de l'hospitalité de nuit.

Cependant, le surlendemain, le Procureur revient sur sa détermination. Il mande Marie Michel à son cabinet et l'invite à écrire sa déclaration.

Enfermée toute seule, elle retrace sans hésitation le récit de son crime, puis elle écrit spontanément à madame Cauvin, la femme de sa victime, pour lui faire le même aveu.

Voici cette lettre :

Marseille, 4 mars 1895.

Madame Cauvin,

Madame je vien memètre dans les mains de la justice pour reparé votre honeur ai délivrài Monsieur loui cauvin comme vous le çavai comme moi il lait inosent comme lor madame je vous ai trompé jai trompé la justice car le soir que je suis aitai vous réveiller de votre sommain en vous disant quon ai toufai la pauvre madame moutet je savais for bien qu'el aitait morte puis que saitai moi qu'il avai étoufé mai mon repentir ai bien grant je veu me débaraser de se malourou fardeau qu'il mai crase j'ai trompé la justice par mai gros mensonges mai je comprenai pas la gravité de sai fautemoignage madame samedi je suis arivée de toulon ai je me suis rendue au parquet faire mon rapor à Monsieur le procureur de la république mai le bon dieu permetra que les afaires sarangeront.

Agreer Madame Cauvin la lettre du huble qui se

mai agenou pour vous demandé, hublement pardon

Marie Michel. (1)

Mais on apprend à Toulon que Marie Michel s'est rendue à Marseille chez le procureur de la République et a déclaré Cauvin innocent du crime. Aussitôt, l'inspecteur des enfants assistés du département du Var est dépêché à Marseille. Il va chercher Marie Michel et la ramène dans un compartiment réservé où *il s'efforce,* comme il l'a rapporté lui-même (31 mars 1895,) de LUI DÉMONTRER L'INVRAISEMBLANCE DE SES DÉCLARATIONS ET DE L'Y FAIRE RENONCER (2).

On verra que ce ne fut pas la seule pression de ce genre que Marie Michel eut à subir. On ne lui demandait pas de s'avouer coupable, mais, au contraire, de maintenir ses premières accusations.

Cela n'empêcha pas certains reporters d'inventer le conte absurde de la *pression cléricale* à laquelle cette fille serait redevable de sa prétendue conversion. Disons tout de suite que les feuilles libre-penseuses elles-mêmes ne crurent pas une minute à cette intervention du clergé.

Un journaliste juif, M. Henry Bauer, déclarait dans l'*Echo de Paris* « qu'il ne voyait pas bien un prêtre, ou peut-être une religieuse, qui serait

(1) Mémoire de Me Decori.
(2) Mémoire de Me Decori.

venue auprès de Marie Michel, et l'aurait travaillée à peu près en ces termes : « Vous avez assassiné madame Mouttet de complicité avec Cauvin ; il fut condamné, vous êtes libre; allez dire maintenant que toute seule, sans complice, vous avez tué la vieille : on relâchera Cauvin, on vous mettra aux travaux forcés à sa place, et ce sera agréable au Seigneur ! » « Je ne vois pas bien, ajoutait-il, le confesseur qui imposerait à sa pénitente l'holocauste des travaux forcés à perpétuité. » (1).

On a du bon sens sur le Boulevard.

Quoi qu'il en soit de la docilité de Marie Michel à d'aussi invraisemblables suggestions, l'inspecteur des enfants assistés y perdit sa peine. Elle persista, malgré tout, dans son attitude. Rentrée à Toulon, elle confessa à tout le monde son mensonge, criant l'innocence de Cauvin à qui voulait l'entendre. Elle fut placée quelques jours dans le couvent du Bon-Pasteur, où la Mère Supérieure en était fort embarrassée, et c'est de là, qu'elle écrivit à M. l'archiprêtre la lettre suivante :

Toulon, 17 mars 1893.

Monsieur l'Archiprêtre,

Je vous écri ses qu'el queligncs pour mere com-

(1) Au moment où nous écrivons ces lignes, Marie Michel continue, dans une maison centrale, à subir les conséquences de cet aveu.

mander a vos saintes prieres pour que le bondieu permette que la vérité serais alis Monsieur l'Archiprêtre (ans 1892) javait elle ment trompér la justice comme tous le mondes quau jourd'hui ils sont aitonnai que je dise toule contraire saispenden si jai mentir je la vou jai preter serment avec ennergi mai tou cela ai tai fau mai je ne comprend pas la gravittés de ses fau témoignage, ni la gravité de sai mensonge qu'elles ont fai condané un inosent mais aujourdhui je le comprens ai je remercie le bondieu de m'avoir inspirai la force ai le courage da voué se remords qu'ils mai toufai car sai la vérité toutentière Monsieur l'archiprête.

Ses pour moi je me recomade avos sainte priere pour quon rende l'honeur a se pauvre monsieur cauvin qu'il est inosent je se rai méprisai de toule monde mais se qu'ils me console sai que le bondieu aura pitié de moi Monsieur l'Archiprêtre si jagi ain si sai que je qurain la justice de dieu et a lors je praifaire aitre méprisé de toule monde que de gardai plu lonten si grand remor ai de perdre le bonheur aiternelle. je ne sai rien en cor de ce qu'ils se pace mai toulai jour je me recomande a la sainte vierge pour que tou se range pour moi ja mabandone à la providence si je suis condané je ferai ma pénitence ai je norai plu se remor qu'ils maitoufai pour vú qu'on délivre se pauvre inosent ai quon lui rende son honeur lui ai toutes sa famille Monsieur l'Archiprêtre vous que le bondieu vous a espirai un grand pouvoir de portai l'abi que vous portai si vous pouvié en parlé pour moi pour quon ai confiance a ma parole car sai la vérité si j'ai menti sai que je ne comprenai pas la gravité de sai mensonges mai au jourdhui je veu savoué moi-même ai je ne vo plus gardé ses remord.

Monsieur l'Archiprête, je fini ma lettre en me recommandan a vos Saintes prières.

Resevai, Monsieur l'archiprête Mais Respec Les plus sinsaire.

Marie MICHEL. (1)

*
* *

Ici se poserait la question de savoir pourquoi Marie Michel avait tué madame Mouttet.

La vérité, croyons-nous, c'est qu'elle la tua sans le vouloir, et dans un accès d'emportement. Madame Mouttet était quelque peu avare, elle avait des manies de vieille femme, et se montrait fort dure pour sa servante. Elle la nourrissait mal et la menaçait parfois de retenir, sur ses maigres gages, le prix des objets qu'elle brisait. Le jour du meurtre, elle l'avait semoncée avec assez d'acrimonie, et Marie Michel, exaspérée, s'était promis de se venger. Elle couva sa colère tout le jour, et la nuit venue, Cauvin parti, et sa maîtresse au lit, elle se jeta sur elle « comme un loup », suivant son expression, et, la prenant à la gorge, l'étrangla, avant d'avoir eu seulement le temps de raisonner son action. Plus tard, quand on lui demandera pourquoi elle a tué sa maîtresse,

(1) Mémoire de Me Decori.

elle se bornera à répondre d'un mot sauvage et significatif : « J'avais la colère ! »

*
* *

Marie Michel s'était présentée à Marseille chez le procureur de la République, le 2 mars 1895 ; le parquet, après avoir hésité pendant près d'un mois, et mûrement réfléchi, se décida enfin à la faire arrêter le 26 mars et à ouvrir une instruction pour faux témoignage. Cette instruction dura cinq mois. Et si l'on veut savoir quelle était la disposition d'esprit du magistrat qui en était chargé, on peut en juger par une seule de ses questions :

« Vous avez le plus grand tort, lui disait-il, de persister dans les mensonges que vous débitez pour essayer de sauver le condamné Cauvin ; *car bien que la leçon vous ait été parfaitement faite*, on n'a pas pu prévoir toutes les objections qui vous seraient posées et vous dicter vos réponses. »

« Or, remarque à ce propos Mᵉ Decori, cette même instruction a établi de la façon la plus péremptoire que, depuis trois ans, et spécialement depuis dix-huit mois qu'elle était à l'hospice de Toulon, administré par le propre frère de madame Mouttet, *Marie Michel n'avait reçu de qui que ce soit une seule visite ni une seule lettre!* »

Le juge, pourtant, absolument désarçonné par l'invraisemblable attitude de cette fille, qui mettait à se proclamer coupable l'insistance et l'énergie que d'autres apportent d'ordinaire à se prétendre innocents, n'y comprenait rien. Cette criminelle déroutait toutes ses idées, et il en vint à conclure que, nécessairement, Marie Michel devait être folle. Pour en avoir la preuve authentique, il confia l'examen mental de la démente supposée à trois médecins de la marine, et non des moindres, qui nous sauront gré de ne pas les nommer ici.

Ces trois augures consacrèrent plusieurs séances à l'observation attentive et minutieuse de ce cas absolument inédit pour la Faculté. Ils tournèrent et retournèrent Marie Michel, et se donnèrent même l'amusement illégal de l'hypnotiser. Ils en demandèrent, il est vrai, la permission à la patiente qui, dit-on, leur répondit :

— « Oh ! vous pouvez. On dit qu'en cet état il est impossible de dissimuler la vérité. Vous verrez que je ne vous dirai pas autre chose, endormie, que ce que je vous dis tout éveillée. »

On n'a jamais su ce qui était résulté de cette séance, mais la conclusion des trois médecins fut que Marie Michel était, une... menteuse !...

Menteuse ? mais à quel moment? Quand elle accusait Cauvin, ou lorsqu'elle l'innocentait?

Il est triste d'avoir à constater qu'il ne vint à

l'esprit d'aucun de ces opérateurs qui prétendaient raisonner congrûment sur les actes humains en faisant abstraction de Dieu et de l'âme, de se demander si le mobile de Marie Michel, qu'ils cherchaient à l'aveuglette dans sa tendance au mensonge ou dans nous ne savons quel « mysticisme morbide », n'aurait pas été tout simplement le remords.

Le remords, la conscience, qu'est-ce que c'est que ça? Le remords! Est-ce que la science positiviste croit encore à ces sornettes métaphysiques?

Un coupable qui ne peut plus porter sur sa conscience le poids du crime qui l'étouffe et qui ne retrouve la paix que lorsqu'il a tout avoué, n'a droit, d'après ces fortes têtes, qu'à des douches, et le pire, évidemment, serait que la justice attachât la moindre importance à ces divagations maladives. Aux yeux de la science émancipée, quand un criminel s'accuse, la dernière chose qu'on doive supposer, c'est qu'il puisse dire vrai. Tout, en effet, plutôt que de croire à l'action de la grâce divine sur une âme; tout, même le bagne à perpétuité pour un innocent, s'il ne doit la liberté qu'à la confession.

Tel fut l'avis des trois médecins consultants, et ils n'eurent aucune peine à le faire partager au juge d'instruction. Il y avait quatre mois que ce magistrat tenait Marie Michel au secret le plu absolu et le plus rigoureux. Il lui avait même refusé, — chose inouïe dans la maison d'arrêt de Toulon, — l'autorisation de voir l'aumônier de la prison. Il ne fallait pas, vous comprenez, qu'elle pût encore se confesser. C'était assez d'une fois !

Des sentiments de ce magistrat nous avons un témoignage assez explicite dans les paroles qu'il adressait d'un ton menaçant à Marie Michel pour l'épouvanter :

— Je vous avertis qu'aux termes de l'article 361 du Code pénal, vous êtes passible de cette même peine des travaux forcés à perpétuité qui a été infligée à Cauvin, si le jury vous reconnaît coupable.

Et Marie Michel de répondre :

— Je préfère que ce soit moi qui subisse cette peine, puisque je suis coupable, plutôt que de la voir subir à M. Cauvin qui est innocent. J'ai fait le mal : il est juste que je fasse la pénitence.

Là-dessus, le 24 août 1895, le juge d'instruction rendait purement et simplement une ordonnance de non-lieu en faveur de Marie Michel (1).

(1) Cette instruction, la partie civile en a vainement demandé la communication au juge d'instruction de Toulon. Chose stupéfiante, ce magistrat la lui a obstinément refusée, tout en la mettant, d'ailleurs, par une ironie singulière, en demeure d'avoir à y répondre. (*Mémoire* de Me Decori pour Louis Cauvin.)

*
* *

De nouveau les portes du bagne, qu'on venait de voir s'entr'ouvrir providentiellement, se refermaient sur le malheureux Cauvin. Elles allaient même l'être sans rémission, si le frère du condamné, dans les vingt-quatre heures qui suivirent, ne s'était hâté de faire opposition à cette inexplicable ordonnance de non-lieu qui ruinait toutes les espérances de la famille du condamné.

Ce coup inattendu et qui parut sans remède n'ébranla pas cependant l'admirable confiance de l'Intendante.

— Laissez faire, laissez faire, nous disait-elle ; saint Antoine est plus fort que les juges. Non, ce n'est pas fini, vous verrez ; il n'est pas possible que notre saint ait suscité cette affaire pour en rester là.

En effet, un mois après, la Cour de cassation dessaisissait la Cour d'Aix et renvoyait l'affaire en faux témoignage devant la Chambre des mises en accusation de Riom (Puy-de-Dôme).

Et Marie Michel, pendant ce temps, que faisait-elle?

Convaincue qu'elle n'aurait plus longtemps encore à attendre le châtiment, elle avait écrit à l'infortuné Cauvin :

Monsieur Cauvin.

Je me permet de vous adressez ses quelques lignes pour me jetter a vos pied et vous demander humblement pardon de vous avoir fait condamner inossant et vous avoir fait tant d'ingratitudes et dire que j'ai eu l'audace daller lever la main devant le Christ et devant tous les magistrat et avec mon energie jai pretter faux serments ent vous accusant d'un crime dont je sais que pour tout l'ors du monde vous ne vous seriez pas rendu coupable je viens aujourd'huit avec un grand repentir vous demander pardon mais je ne suis pas digne d'être pardonnée après avoir été coupable d'un crime qui pourrai jamais se commettre vous avoir laissez si longtemps enfermer a souffrir le martyre je vous et fait verser des larmes plus qu'une madeleine a vous et a Madame et a tous vos parents non je ne suis pas digne d'être pardonnée et vraiment de pensser de vous avoir fait tant d'ingratitude je méritерai la guillotine mais à l'époque je ne reflechissez pas la gravité du mal dont je me rende coupable en vous fesant condamner innossant mais aujourd'huit que je comprend la gravité du mal que j'ai fait mon repentir est bien sincère et je suis resolue de prendre votre place pour vous faire mettre en liberté et vous faire réparer votre honneur car je me trouverait plus heureuse de passer ma vie en prison que si j'aité rester en liberté avec un si grand remord sur la conscience je demande bien pardon a Madame et a tous vos parents de leur avoir fait ten d'ingratitude et de leur avoir causer tans de chagrins et je ne sessorait de versser des larmes de repentir de pensser que c'est moi qui suis la cause de votre malheur.

Veuillez Monsieur prendre courage car pour moi jai fait mon devoir et jesperre que la justice fera le sien et que votre inossance sera bientôt tout a fait reconnue.

Veuillez Monsieur agreer la lettre d'une ingrate quelle vien se jetter à vos pied et vous demander humblement pardon de toutes les ingratitudes quelle vous a fait.

Marie MICHEL.

Ma signature vous fera horeur (horreur) veuillez faire comme si ce n'été pas moi qui vous écris (1).

La malheureuse fille, inconsolable, désespérée de n'avoir pu faire croire à sa sincérité, était rentrée à l'hôpital de Toulon. Elle vaquait de nouveau à ses occupations accoutumées, mais sa gravité, sa bonne conduite, sa piété témoignaient qu'elle avait conscience de la mission qui lui restait à accomplir.

Ses compagnes, voyant les semaines se succéder sans amener aucun changement dans son état, étaient convaincues que l'ordonnance de non-lieu avait mis fin à cette affaire, et que tout se bornerait là, et une d'elles un jour lui dit :

(1) *Mémoire* de Me Decori.

— Eh bien, Marie-Louise, tu vas rester avec nous.

Et elle, avec un accent qu'on ne lui connaissait pas, et une élévation de sentiments bien inattendue de la part de cette rustaude, répondit :

— Non, ici, je serais trop heureuse !... *Il faut que j'aille dans une maison où l'on pleure!*

*
* *

Le 31 décembre 1895, la chambre des mises en accusation de la Cour de Riom, infirmant le non-lieu du parquet de Toulon, renvoyait Marie Michel devant les assises du Puy-de-Dôme, sous l'inculpation de faux témoignage.

L'aurore, si longtemps attendue, de la délivrance et de la réparation approchait; mais hélas! une des plus tristes victimes de ce drame, unique peut-être dans les fastes judiciaires, ne devait pas avoir la consolation de la voir se lever.

Le 18 décembre 1895, treize jours avant que la décision de la Cour de Riom ne fût connue, la jeune femme de Cauvin, abreuvée de dégoûts, d'outrages, d'amertumes, convaincue encore que rien ne pourrait arracher son mari aux affres du bagne, succombait à la blessure que la malice et l'injustice des hommes lui avaient faite. C'était la deuxième mort dans cette famille, et cela même n'était-il pas une présomption en faveur de la sincérité de leurs protestations?

Si l'on a pu écrire : « J'en crois des témoins qui se font égorger », ne nous sera-t-il pas permis de dire à notre tour : « Croyez-en donc des témoins qui meurent de n'avoir pas été crus ! »

C'est inopinément que Marie Michel apprit la mort de la jeune femme, lentement assassinée par elle. Un employé de l'hôpital en lut, par mégarde, en sa présence, la nouvelle dans un journal. Eclatant en sanglots, la malheureuse alla se jeter dans la cour, la face contre terre, sur un sol tout détrempé par la pluie. Elle poussait des cris de désespoir, et parlait de se détruire. On ne sait à quelles extrémités elle aurait pu se porter, si on n'avait eu soin de la surveiller.

*
* *

C'est le lundi 3 mars que commença devant la cour d'assises de Riom le procès en faux témoignage.

Rien n'avait encore été vu de plus émouvant que le spectacle de cette prévenue impatiente de s'entendre condamner et qui ne voulait pas être défendue.

A peine Cauvin, vêtu de noir, fut-il arrivé devant le banc du jury, que Marie Michel, se jetant à genoux, joignit les mains et s'adressa à lui en ces termes :

— Je vous demande pardon, monsieur Cauvin, de vous avoir accusé injustement. Me voilà maintenant avec un grand repentir de ma faute. Non, je ne suis pas digne de votre pitié après le chagrin si grand que j'ai causé à toute votre famille! Je suis indigne de votre pardon. Je me jette à vos pieds, daignez avoir pitié de moi et intercéder pour moi auprès de la justice divine. Je suis une misérable qui vous ai fait souffrir le martyre! Je mérite d'être punie. Pardon, monsieur Cauvin.

Puis, se tournant vers les juges, elle ajouta :

— Ah! messieurs les juges, je vous en conjure, veuillez jeter un regard de pitié sur ce malheureux homme et, au nom de Jésus-Christ, je vous supplie de proclamer son innocence, car la coupable, c'est moi.

Et elle éclata en sanglots, pendant qu'une émotion profonde s'emparait de l'assistance et que Cauvin, debout devant le jury, cachait son visage dans son mouchoir.

Quelques sceptiques ricanèrent : « C'est une leçon apprise! » Sans doute, mais par qui? C'était une leçon qu'elle s'était apprise elle-même, et qu'elle se devait, évidemment, de réciter la première fois qu'elle allait se trouver en présence de sa victime.

Cauvin fut entendu comme témoin.

Le président reprit une à une toutes les charges accumulées contre le malheureux, charges dont, quelques mois plus tard, un autre magistrat devait avoir la franchise de dire qu'elles ne méritaient pas d'être prises au sérieux un instant. Et, pour la troisième fois, Cauvin dut opposer de formelles dénégations à ces puérilités judiciaires. On vit ensuite défiler de nouveau les divers témoins et comparses de cette sinistre affaire, au sujet d'un certain nombre desquels la preuve fut faite qu'ils n'étaient guidés que par la passion, le parti pris, ou peut-être seulement l'inconscience.

Quand le président demanda à Marie Michel : « Pourquoi accusiez-vous Cauvin? » elle répondit au milieu de ses sanglots :

— C'est parce que je voyais que le juge d'instruction croyait ce que je lui disais, que j'ai accusé Cauvin comme une imbécile; j'ai menti...

Le président lui dit :

— Toutes les objurgations du président des assises de Montpellier n'avaient pour but que de vous arracher la vérité.

— Alors, répondit-elle, je n'avais pas le courage de m'avouer coupable moi-même. J'ai menti, j'ai menti, je le jure!...

*
* *

Me Decori, du barreau de Paris, prit la parole pour Cauvin. Le célèbre avocat fut admirable d'éloquence, de cœur et de conviction.

« Condamnez-la, dit-il en terminant, mais accordez-lui les circonstances atténuantes; car si elle a fait beaucoup de mal, elle le répare aujourd'hui. Que devant elle s'ouvre pour l'avenir une ère de réparation, de pitié et de justice. »

Cette émouvante péroraison fut saluée par d'unanimes applaudissements, et trois jurés, entraînés par l'exemple, mêlèrent leurs battements de mains à ceux du public. C'était une faute, il y avait là matière à cassation. C'est ce dont s'avisa, le premier, un avocat étranger au barreau de Riom, qui représentait, au procès, les intérêts de M. Simon, héritier naturel de madame Mouttet. Il se hâta de signaler l'incident à Me Buisson, bâtonnier de l'ordre à Riom, avocat d'office de Marie Michel, lequel demanda à la cour d'en prendre acte. Le président l'invita à rédiger des conclusions. Une vive émotion régnait dans la salle. Mais alors Marie Michel, comprenant où tendait cet incident, s'opposa énergiquement à ce que son défenseur fit rien qui pût retarder ou infirmer l'arrêt qu'elle attendait impatiemment, qu'elle appelait de ses vœux, qu'elle réclamai comme un droit. Se jetant aux genoux de Mᵉ Buisson, elle le supplia, avec larmes, de ne pas insister. Et l'avocat vaincu se borna à dire au président :

— Non, monsieur le président, ce n'est pas la peine. Je croyais obéir à mon devoir en relevant le cas de cassation que je viens de faire connaître à la Cour; mais en présence de l'attitude de cette fille qui crie grâce, de l'insistance qu'elle met à me demander de me taire, je n'insiste pas.

Et pendant ces courtes observations on entendait la voix de Marie Michel qui, en proie à une violente crise de larmes, ne cessait de crier : « Ah ! condamnez-moi, condamnez-moi ! »

Le lendemain, 9 mars, Mᵉ Buisson entreprenait pourtant de la défendre malgré elle. Mais à chaque instant elle interrompait avec véhémence l'honorable avocat.

— Non, disait-elle, non, Cauvin est innocent ! Je suis seule coupable, je veux être condamnée !... C'est trop terrible d'avoir fait condamner un homme innocent... Mourir, mourir, c'est tout ce que je mérite !... Ça me soulage de le dire, criait-elle au milieu des sanglots qui étranglaient sa voix.

C'est pourquoi, malgré un réquisitoire plus venimeux encore que les autres, qui dépassa toutes les violences déjà entendues à Aix et à Montpellier, qui rouvrit, férocement, toutes les blessures anciennes et les fouilla sans pitié, qui prit plaisir à chercher si, dans quelque repli caché du cœur, quelque fibre n'avait pas, par mégarde, été épargnée, le jury, après une demi-heure à peine de délibération, apporta un verdict affirmatif.

Le visage inondé de larmes de Marie Michel s'illumina; elle devint radieuse lorsqu'elle s'entendit condamner à *cinq ans de réclusion !*

Cauvin se jeta dans les bras de son défenseur :

— Je vous dois la vie, lui dit-il; mais, ma pauvre femme, qui me la rendra?

Marie Michel, se tournant vers Me Decori, lui dit avec gravité :

— Je vous félicite et je vous remercie. Vous avez dit la vérité!... Ce malheureux est innocent!...

*
* *

Tant s'en fallait cependant qu'il fût libre encore, et cependant c'était la conclusion qui s'imposait, et que la presque unanimité des journaux de Paris, sans distinction de partis, tirèrent des débats de Riom. Loin de songer à faire un crime à Cauvin d'avoir le courage de son innocence, ces journaux se montrèrent dès le début très favorables à sa cause. Le chroniqueur de l'*Écho de Paris*, que nous avons déjà cité, M. Henry

Bauer, disait : « Combien je regrette de n'être
» point parmi les jurés du Puy-de-Dôme !
» J'eusse démontré à mes collègues qu'après la
» déclaration de Marie Michel, *il ne subsiste plus*
» *rien de l'accusation* contre Cauvin et qu'il n'est
» plus permis de le laisser au bagne. »

Il y restait cependant, et, humainement parlant, rien n'était moins sûr encore qu'on pût l'en arracher.

Sans doute, la revision de son procès s'imposait ; mais quelle serait l'issue de cette quatrième affaire ? C'était le cas de redoubler d'instance auprès de saint Antoine, et mademoiselle Bouffier fit célébrer une neuvaine de messes afin, disait-elle, de faire violence au ciel.

La Cour de cassation, le 23 avril 1896, cassa l'arrêt de Montpellier condamnant Cauvin et désigna la Cour de Lyon pour le juger encore une fois.

C'était un nouveau pas vers la solution, un nouveau succès qui ravivait la foi de l'Intendante :

Elle nous disait : — « Confiance ! confiance ! ce n'est que le commencement. Vous verrez, saint Antoine nous réserve, pour Lyon, une merveille !... C'est là qu'il fera triompher l'innocent !... » Et y revenant, elle ajoutait : « Souvenez-vous du mort de saint Antoine. »

Qu'est-ce à dire ? L'Intendante se flattait-elle que le Thaumaturge allait faire sortir madame

Mouttet de son cercueil, afin d'attester l'innocence de son fils adoptif?

Et pendant ce temps la justice humaine, de moins en moins résolue à lâcher sa proie, s'efforçait d'accumuler de nouvelles preuves contre Cauvin et de semer de traquenards la route qui devait le conduire à la liberté.

* * *

Les assises du Rhône s'ouvrirent le 10 août.

On y refit, pour la quatrième fois, tout le procès; on entendit de nouveau tous les témoins, puis les docteurs de Marseille qui, ayant fait l'autopsie du cadavre, déclaraient, au nom de la science, que Cauvin seul avait pu étrangler madame Mouttet; puis les docteurs de Toulon qui, en expliquant que Marie Michel, saine d'ailleurs de corps et d'esprit, n'était, à leur avis, pas autre chose qu'une menteuse, négligèrent d'indiquer à quels signes pathologiques ils étaient capables de discerner si une jeune fille qui s'accuse spontanément d'un crime est sincère ou si elle est l'objet d'une attaque de « mysticisme ». Rien ne fut épargné des charges puériles et contradictoires, des médisances et des commérages, patiemment recueillis par la première instruction, avec l'aide de la police, et la complicité de reporters qui entraient dans le cabinet du juge comme chez eux. Et tout cela pour en arriver à entendre le procureur général, renversant d'un mot cet édifice d'iniquité, déclarer loyalement que TOUTES CES CHARGES NE SIGNIFIAIENT RIEN DU TOUT.

Au cours de sa magistrale plaidoirie, Mᵉ Decori, fidèle jusqu'au bout à son malheureux client, ayant fait remarquer que le ministère public avait résolument abandonné toute une série de charges « qui ne tenaient pas debout, » le procureur général l'interrompit par ces mots :

— ELLES N'ONT JAMAIS TENU DEBOUT !

— Elles tenaient jadis debout, reprit tristement Mᵉ Decori. A Aix et à Montpellier, mes confrères ont eu singulièrement à combattre contre elles. A Riom même on ne me les a point épargnées ! (1)

Et c'est surtout à l'aide de ces charges diverses, si tardivement reconnues vaines et futiles, que l'opinion publique avait été si profondément faussée et égarée. Car les petites choses font sur l'esprit des masses plus d'impression que les grandes.

Mais quelles étaient donc les accusations qu'on continuait à faire peser sur Cauvin ?

Les deux suivantes :

Lui seul a pu commettre le crime, puisque

(1) Plaidoirie de Mᵉ Decori, pag. 27.

seul il avait intérêt à le commettre ; il redoutait que madame Mouttet ne se réconciliât avec son frère M. Simond, et qu'elle ne déshéritât son fils adoptif. Il fallait, à tout prix, prévenir cette réconciliation.

En second lieu, Marie Michel, à elle seule, *n'a pas pu* commettre le crime, faire les blessures constatées par les médecins. Une autre main les a faites, celle de Cauvin, de Cauvin *qui a signé* son crime sur le cou de sa victime.

Me Decori démontra que, sur le premier point, la lumière avait été complètement faite, et faite par la déposition de M. Simond lui-même, l'héritier naturel de madame Mouttet au défaut de Cauvin. Le ministère public le reconnut loyalement. M. Eugène Simond et madame Mouttet n'avaient jamais été fâchés, et Cauvin n'avait donc à prévenir ni à empêcher aucun rapprochement.

C'était donc uniquement l'affirmation des médecins experts que l'éminent avocat avait à combattre. C'était là le point capital du débat. Cauvin, prétendait-on, n'avait point été déclaré coupable uniquement parce que Marie Michel l'avait accusé, mais encore et surtout parce qu'il était *scientifiquement* démontré — oh ! la science !..... — que les lésions constatées sur le cadavre de la victime n'avaient pu être faites par la main débile (!) d'une jeune fille, presque une enfant !...

D'autres docteurs, il est vrai, ceux-là de la Faculté de Paris, et non des moindres, M. Gilles de la Tourette entre autres, apportaient des conclusions diamétralement opposées à celles des experts de Marseille. Ils affirmaient que Marie Michel, petite de taille, mais forte et trapue, avait pu très bien briser seule la trachée-artère de madame Moultet.

« Voilà donc, dit Mᵉ Decori, Marseille contre Paris ! Qui va nous départager ?

» Eh bien ! ce sera Lyon ! *Et par le plus grand des hasards.* »

Ah ! maître, de grâce, osons saluer la Providence de son vrai nom lorsqu'elle daigne se manifester visiblement à nos yeux, et laissons déraisonner les impies qui ne savent voir l'intervention divine nulle part. Non, il n'y a pas de hasard !

Ce hasard, dont parlait l'éminent avocat, c'était la manifestation éclatante de saint Antoine que l'Intendante nous annonçait, depuis des mois, avec une assurance si émouvante. Le mort que sa foi aurait voulu évoquer de la tombe, pour confondre l'iniquité, allait, pour ainsi dire, comparaître devant le jury, et faire justice du rapport des experts, la suprême ressource de l'accusation.

La veille du jour où Mᵉ Decori devait prendre a parole, un mystérieux inconnu lui faisait parvenir un document devant lequel devaient s'effondrer irrémédiablement les savantes (!) observations médicales des docteurs.

Mais laissons Me Decori nous raconter lui-même cet incident véritablement providentiel :

« Hier soir, dit-il, je recevais, messieurs les jurés, la carte d'un professeur de la Faculté de médecine de votre ville qui me remit un travail intitulé : *Essai sur les fractures traumatiques des cartilages du larynx, par M. le docteur Joseph-Auguste Cavasse.* » C'est une thèse de doctorat en médecine dont on ne pourra dire qu'elle a été payée par la famille Cauvin avec l'argent des titres italiens, car elle est datée de 1859 ! Il me la prêta en me recommandant bien de la lui rendre, car elle appartient à la bibliothèque de la Faculté ! Lisez, me dit-il, l'observation n° 10 ; elle vous intéressera.

» Je la lus, et les bras m'en tombèrent, car je lus ceci :

« M. Martin Damourette a eu l'extrême obli-
» geance de me communiquer l'observation sui-
» vante qu'il cite dans ses cours :

» Une vieille dame riche et avare maltraitait
» sa jeune servante. Un jour, cette fille, poussée
» à bout, prit sa maîtresse à la gorge et la jeta
» par terre. Effrayée de cette chute, elle lâcha
» prise immédiatement. La vieille dame était
» morte. A l'autopsie, on trouva une fracture du

» cartilage thyroïde produite par la pression des » doigts. Cette lésion avait fait conclure par » le rapporteur à la présence d'un complice. » L'amant de la jeune fille fut soupçonné, incri- » miné, et ne dut son salut qu'à un alibi bien » prouvé. La domestique seule était coupable ; » seule elle avait produit la fracture du carti- » lage. » (*Sensation prolongée.*)

» Et l'auteur termine par ces conclusions suggestives :

« Par tout ce qui précède, le médecin légiste » pourra se convaincre : 1° de la rapidité de la » mort dans quelques cas de fracture des carti- » lages du larynx ; 2° de la facilité avec laquelle » ces fractures peuvent être produites, surtout » sur les personnes âgées, facilité telle que l'on » doit se demander si les traces de la violence » sont constantes à l'intérieur. N'en conclura-t-il » pas comme moi : 1° que dans les cas douteux, » lorsqu'il aura à constater la cause d'une mort » subite, il devra avec soin examiner le larynx, » même en l'absence d'une lésion apparente du » cou ; 2° que la fracture des cartilages du larynx » pouvant se produire sans une grande force, il » devra ne pas omettre cette circonstance dans » son rapport, afin de ne pas incriminer des » innocents sous le prétexte qu'il a fallu des » complices pour commettre le crime ? »

Après la lecture de cet extraordinaire document qui racontait, trait pour trait, le drame de la Blancarde ; devant cette morte qui, à quarante ans de distance, sortait de sa tombe pour venir déclarer devant la justice que la science officielle s'était trompée, quel doute pouvait encore rester dans l'esprit des jurés ?

La cause était entendue. Saint Antoine avait vaincu !...

Et pendant que, sur les marches du palais de justice et dans les rues de Lyon, la foule enthousiasmée faisait cortège à Louis Cauvin et lui décernait une ovation, parvenait à l'arrière-boutique un télégramme ainsi conçu :

MADEMOISELLE BOUFFIER

Arrière-boutique de saint Antoine, à Toulon.

Lyon, 13 août, 7 h. 50.

« Acquitté ! Vive saint Antoine ! »

*
* *

Ah ! c'était le cri de la conscience publique, enfin vengée, que faisait entendre l'honnête population lyonnaise, lorsqu'elle saluait de ses bravos et de ses applaudissements le forçat mis en liberté.

Mais ce n'était pas dans la malheureuse famille de Cauvin, enfin réunie, que la joie de cette libération devait être le plus vivement ressentie. Le malheur, hélas! avait fait trop de vides à ce foyer désolé.

Il y avait, quelque part, dans une cellule de maison centrale, une recluse à laquelle l'écho du verdict de Lyon allait enfin apporter la paix. Elle attendait cette nouvelle avec angoisse, supputant les semaines et les jours. Elle l'appelait de ses vœux ardents, celle qui, ayant pu craindre un moment, après ses aveux, que la justice l'épargnerait, et ne se consolant pas de n'être point châtiée, disait avec un accent indicible : *Il faut que j'aille dans une maison où l'on pleure!*

Louis Cauvin était libre. Marie Michel pouvait, enfin, dormir tranquille et satisfaite.

CHAPITRE HUITIÈME

LES MIRACLES DE LA GRACE

La conversion du pécheur est un miracle. « C'est une œuvre, dit saint Thomas d'Aquin, plus grande que la création. » Eh bien, ce miracle, tous les jours des centaines de suppliants osent le solliciter de saint Antoine et l'obtiennent de sa puissante intervention, pour des êtres tendrement chéris, fils, époux, père, frère, amis... et même, parfois, en faveur d'ennemis.

Nous venons de voir comment fut exaucée la mère admirable qui demandait à Dieu la conversion de la malheureuse dont l'imposture l'avait réduite à l'extrémité du malheur et de la désolation. Mais des prières pour les persécuteurs, afin que Dieu les éclaire et les change, on en réclame souvent à l'arrière-boutique.

Naguère, une vaillante chrétienne d'une petite

localité d'Ille-et-Vilaine *dénonçait* le maire de sa commune à mademoiselle Bouffier. « C'est un mécréant, lui disait-elle, et tout à fait pervers, et, malheureusement, aussi riche que pervers. Il abuse odieusement de sa situation et de son influence pour pousser au mal les pauvres paysans, et ne manque pas, bien entendu, de faire à son curé toutes les misères possibles. » Elle promettait cent francs à saint Antoine s'il convertissait le maire, ou lui faisait quitter la paroisse.

Hélas! hélas! c'était là, inutile de se le dissimuler, une conversion des plus difficiles. L'expérience prouve que c'est tout au plus au lit de mort, et trop tard, par conséquent, pour le repos de leurs administrés, que ces sectaires endurcis se convertissent. Nous n'avons pas appris, en effet, depuis lors, que la grâce ait été obtenue.

D'une ville d'Autriche, c'était plus que cela encore que l'on demandait. C'était la conversion d'un prêtre apostat et excommunié qui agitait le peuple et causait un scandale effroyable. « Faites prier vos pauvres, » écrivait à l'arrière-boutique une grande et noble dame, « pour que ce malheureux revienne au giron de l'Eglise; car il perd une quantité d'âmes aveuglées et ignorantes. » Et depuis, l'Eglise a été grandement consolée par le retour inespéré de ce transfuge de marque, que nous ne voulons pas plus clairement désigner ici.

Mais on voit, du moins, que le bon saint n'est pas uniquement invoqué pour des grâces temporelles, et c'est de quoi se réjouiront, nous l'espérons, ceux qui redoutaient que sa dévotion « ne fût trop entendue et appliquée dans un esprit superstitieux ou mercenaire ». L'Intendante, dans tous les cas, n'a jamais cessé de réagir contre cette tendance fâcheuse.

— Ne croyez pas, ne cesse-t-elle de dire à ses amis, que ce soit uniquement pour donner du pain aux pauvres que saint Antoine est venu installer la chère petite œuvre. Il visait plus haut que le soulagement des misères corporelles. C'est pour ramener les âmes à Dieu qu'il multiplie les prodiges. Réjouissons-nous donc, la foi nous sera rendue par la charité.

Et partout où l'œuvre s'installe, « pour répondre aux vœux des populations », la foi se réveille, et il n'est pas de curé qui ne puisse faire siennes les lignes dans lesquelles un pieux et zélé vicaire d'une paroisse importante du Var racontait à l'Intendante les débuts de l'œuvre du Pain :

Depuis l'arrivée de notre magnifique statue, avec quelle ferveur ne prie-t-on pas ce glorieux saint, et avec quel enthousiasme on parle des nombreuses grâces déjà obtenues ! Quand on connaît l'esprit de légèreté qui règne parmi notre jeunesse, l'indifférence que la généralité de la population montre pour les pratiques de la religion, ce mouvement de sympathie pour un ami de Dieu, cet éveil partiel de la foi réjouit le cœur et fait bien augurer de l'avenir !

— C'est comme ça, remarquait en souriant mademoiselle Bouffier ; on ne croit plus au bon Dieu, mais on croit à saint Antoine !...

Et il semble même, chose étrange ! que la foi dans le thaumaturge soit tout à fait exempte de respect humain.

Un certain nombre de mécaniciens de la flotte prenaient part naguère à un concours. Un des candidats, la tête dans les mains, étudiant les données d'un problème, n'arrivait pas à en trouver la solution. Impatienté, il se prit à dire : « Mais enfin, ce saint qu'on m'a donné, à quoi pense-t-il ? il devrait bien me venir un peu en aide, ce serait le moment. » Et, ce disant, il sortit de sa poche un mignon saint Antoine en métal, semblable à ceux qui, chaque jour, se vendent par *centaines* à l'arrière-boutique.

A peine avait-il recouru au Thaumaturge, sous cette forme tout de même un peu superstitieuse, que son problème indéchiffrable (c'est lui qui raconte le fait) lui apparut, tout d'un coup, très clair, et il le résolut presque tout de suite.

Mais son geste n'avait pas échappé à quelques-uns de ses camarades. En le voyant exhiber saint Antoine sans respect humain, ils s'enhardirent à montrer qu'ils étaient aussi bien pourvus que lui. A la ronde, chacun en sortit un tout pareil. Ils l'avaient presque tous dans leurs poches !

Et n'allez pas croire que ce soit rare. Tel n'oserait lever son chapeau en passant devant une église, ou exhiber un chapelet, qui ne rougit pas de porter dans sa poche une statuette du Thaumaturge. Dans un café, un dévot du saint était plaisanté sur sa confiance :

— Eh bien, quoi, dit-il, il ne faudrait pas vous imaginer que j'en ai honte.

Et enfonçant la main dans sa poche, il en sortit la petite effigie. Les rieurs n'osèrent pas insister...

*
* *

Voilà pour le côté des indifférents ; mais les croyants eux-mêmes, les pratiquants, trouvent des profits spirituels inattendus à recourir à notre saint.

On a la foi, sans doute, on croit en Dieu, on invoque même ses saints, à l'occasion ; mais c'est d'une manière en quelque sorte irréfléchie et par routine, le plus souvent. C'est sans bien se rendre compte que le Christ est toujours au milieu de nous, aussi présent, aussi vivant et aussi miséricordieux qu'il y a dix-neuf siècles lorsqu'il passait à travers les champs de la Judée, consolant, guérissant et nourrissant les affamés, les malades et les déshérités. On ne comprend pas à quel point il est exact que les saints nous ont été donnés pour être nos intercesseurs et nos protecteurs, jusqu'au jour où cette vérité se manifeste à nos yeux par quelque fait vraiment probant.

Pour beaucoup de ceux qui s'adressent à saint Antoine, les témoignages pour ainsi dire tangibles de sa bonté sont parfois une véritable révélation. Aussi s'explique-t-on l'émotion qui s'empare d'eux devant ces manifestations soudaines du surnaturel.

C'est le sentiment qu'exprimait la lettre suivante, datée de Paris, 18 février 1895 :

J'étais dans des affaires très embrouillées et très difficiles. Depuis que j'ai eu la bonne pensée de m'adresser à saint Antoine, tout paraît s'aplanir. Mais il faut bien que je vous dise la vérité, puisque je vous demande vos prières personnelles. Depuis que tout s'aplanit, j'éprouve le sentiment d'Henri Lasserre allant à Lourdes. *J'ai peur du miracle!* et j'envisage avec un certain effroi les responsabilités qui m'incomberont si j'obtiens ce que je demande.

Veuillez donc, je vous prie, suppléer à l'inefficacité des prières d'un croyant, très croyant et très catholique, un peu effrayé du mystère de l'intervention *efficace* qu'il constate. Vous ferez une bonne œuvre matérielle et morale.

On vient d'entendre le croyant, Écoutez l'athée. C'est d'une petite ville de Russie que l'Intendante, le 11 octobre 1896, recevait la lettre suivante :

Mademoiselle,

De considérables pertes d'argent, se prolongeant pendant plus de dix ans, ont été cause de ma faillite qui m'a ôté toute foi en Dieu, dont j'implorais en vain la miséricorde ; de fervent catholique, je suis devenu athée, dans toute l'acception du mot.

Il y a quelques jours, me trouvant en société de gens fort pieux, j'ai écouté, par complaisance, la lecture d'un ouvrage intitulé : *L'Arrière-Boutique de Saint-Antoine*. Ce que j'ai entendu n'a fait que provoquer de ma part un sourire de dédain pour la naïveté de ces bonnes gens. Les faits cités n'ont cependant pas échappé de ma mémoire, et ce matin, *me trouvant dans une position sans issue*, j'ai pensé à mon Saint Patron, que jusqu'à présent j'accusais, avec dérision, de m'être fort hostile. Contre mes principes je lui ai adressé une courte et fervente prière. Quoique je sois indigne de sa protection, il m'a exaucé et même au delà de mes désirs. J'accomplis mon vœu et je joins à cette lettre un rouble pour les pauvres qu'il nourrit par vos mains. Me recommandant à vos prières, Mademoiselle, je vous prie d'agréer l'expression de mes sentiments les plus respectueux.

ANTOINE DE***

*
* *

Ce serait à n'en plus finir, si nous voulions énumérer ici les conversions obtenues par l'intercession de saint Antoine. Nous n'en citerons qu'un petit nombre :

De C... (Hautes-Pyrénées), le 22 juillet 1896 :

J'avais promis *mille francs* à saint Antoine, s'il m'obtenait la conversion de mon père très malade et fort éloigné de la religion. Ayant eu la consolation de le voir mourir très pieusement, je commence à acquitter ma dette, et vous envoie 500 francs.

De X. (Dordogne), le 19 janvier :

Je m'empresse de vous faire parvenir ce billet de mille francs, pour le Pain et les écoles de Saint-Antoine ; vous pourrez en disposer en faveur de ces deux œuvres selon votre jugement. Dès que mes affaires me le permettront, je vous adresserai le surplus de mon offrande, mais il me tardait de remercier au plus tôt saint Antoine, en vous envoyant les trois quarts de la somme promise. Il y a dix-huit mois, j'avais écrit à l'oratoire de Saint Antoine de Toulon, en recommandant mes intentions aux prières de l'Œuvre. Je viens d'obtenir la grâce à laquelle je tenais le plus : la mort chrétienne d'un père.

De Rouen, 26 mars 1896 :

Je vous écrivais, le 7 novembre dernier, pour obtenir de saint Antoine le retour à Dieu de ma mère sérieusement malade, retour vainement sollicité depuis plus d'un an. Je promettais de vous faire savoir dès que nous aurions obtenu cette grâce insigne. Ma mère a *fait ses Pâques* aujourd'hui, et comme saint Antoine lui a presque donné la santé, elle a pu sortir et aller à l'église accomplir son devoir pascal.

Je suis trop émue, mademoiselle, pour pouvoir vous dépeindre mon bonheur et ma joie.

Madame la comtesse de M*** écrit le 9 mars 1897, de la ville de P... (Galicie), Autriche :

Saint Antoine a exaucé les prières faites pour un oncle à moi très gravement malade et qui ne s'était pas confessé depuis 60 ans ! Pensez donc quelle grâce !...

Nice, le 12 février :

Mademoiselle, il y a trois semaines, je suis venue prier dans votre petit oratoire et peut-être vous souviendrez-vous que je vous ai demandé de prier avec moi le bon saint pour obtenir la conversion d'un membre de ma famille. Vous avez eu la charité de vous associer à ma prière, en même temps, je faisais ma promesse à saint Antoine, et depuis nous avons été exaucés. Le jeune homme pour lequel je priais depuis bien des années, au moment de s'embarquer pour faire un long et dangereux voyage, s'est bien confessé, et semble être revenu aux sentiments religieux de sa première jeunesse. J'en remercie le bon Dieu et saint Antoine. Je viens aussitôt accomplir ma promesse, et vous envoie un mandat sur la poste de 25 francs pour le Pain des pauvres. Puisse le bon saint ramener ce jeune homme à ses parents.

Hélas! Toutes les mères n'ont pas le bonheur de voir revenir leurs enfants! Et quelles poignantes inquiétudes sur l'état de ces chères âmes, lorsqu'il advient que la mort les ravit loin des yeux et des soins maternels. Mais, même alors, ce n'est point en vain que l'on recourt à saint Antoine.

Une mère, accablée de douleur et d'angoisse, écrivait de Saint-Tropez (Var), le 4 février 1897 :

A la nouvelle de la mort de mon pauvre enfant, je promis à saint Antoine 5 francs pour le Pain des Pauvres, si je venais à apprendre qu'il ait reçu les sacrements. Une lettre de Zanzibar m'annonce que la veille de sa mort, 20 novembre, il s'est confessé, a communié et qu'il a été ainsi bien consolé, au moment de consommer son sacrifice. Que Dieu reçoive mon pauvre fils, et me donne à moi la résignation à sa volonté.

Mais il est des âmes plus en péril encore que celle du voyageur arrêté par la mort au milieu de sa course, ce sont celles qu'un évènement tragique fait inopinément comparaître devant Dieu. D'une ville du gouvernement de Kieff (Russie), l'on mande à l'Intendante :

En vous écrivant naguère, j'étais bien éloignée de pressentir les vives émotions qui m'attendaient et que j'ai hâte de vous communiquer. Figurez-vous donc, bien chère mademoiselle, qu'un parent, un homme pour lequel je vous suppliais de prier — vient de mourir *assassiné*, il y a dix jours ! La pensée qu'on avait prié pour lui à Toulon et à Montligeon, et ailleurs... me consolait grandement. Mais la plus vive consolation m'a été accordée hier lorsque j'ai appris qu'il avait demandé un prêtre avant d'expirer.

∴

Ce n'est pas seulement pour leur faciliter le

dernier passage que saint Antoine assiste ses clients, il vient en aide à tous ceux qui l'invoquent dans leurs nécessités spirituelles, et excelle à mettre, par exemple, le diable en fuite, comme il le faisait pendant sa vie mortelle. Témoin la lettre qu'un jeune missionnaire écrivait le 11 janvier 1897 du fond de la Chine :

Mademoiselle, je ne veux pas tarder plus longtemps à remercier saint Antoine de Padoue d'une précieuse faveur spirituelle. Le 2 janvier, je commençais ma retraite annuelle, en compagnie de tous les confrères de la mission. Les trois premiers jours je fus assailli de violentes tentations qui, malgré tous mes efforts pour les chasser, torturaient mon esprit. Sur ces entrefaites, ayant entendu lire en public le petit opuscule intitulé : *L'Arrière-Boutique de saint Antoine*, je conçus l'idée de m'adresser au grand Thaumaturge, pour être délivré de ces tentations obsédantes qui menaçaient de me faire manquer ma retraite. Je promis de lui envoyer 5 fr. pour ses pauvres, s'il m'obtenait la grâce de résister victorieusement à ces suggestions diaboliques. Le jour même où je fis ma promesse, les tentations cessèrent presque totalement, et quand elles reparaissaient, je n'avais qu'à dire : « Saint Antoine, ami de Jésus, aidez-moi, » et aussitôt le diable de prendre la fuite. Et depuis ce temps, j'ai toujours éprouvé l'assistance de saint Antoine. Je vous envoie, ci-inclus, un mandat-poste de 5 fr. pour vos chers pauvres.

*
* *

C'est d'une conversion doublée d'une guérison déclarée impossible par les médecins que nous entretient la lettre suivante adressée, d'une petite ville du Loiret, le 11 juillet 1895. Il s'agissait d'une morphinomane :

Depuis de longues années, une personne qui m'est bien chère était tombée dans la plus déplorable des habitudes. Des douleurs insupportables et sans cesse revenues l'y avaient amenée malgré elle. Cette personne en était arrivée à un tel degré que les docteurs affirmaient tous qu'elle ne pouvait plus vivre longtemps ; ses jours étaient comptés. La pauvre malade désirait vivement sortir de cette position, et cependant elle n'avait pas le courage de renoncer au poison qui la conduisait fatalement à la mort.

N'espérant plus rien de la science humaine, nous eûmes l'idée de nous adresser au grand saint Antoine de Padoue, lui promettant, s'il faisait le miracle nécessaire, qu'il serait distribué tous les jours de notre vie une livre de pain blanc en son honneur.

Voilà quatre mois que la personne est guérie et ne songe plus à sa funeste habitude. Au dire des docteurs, c'était incurable. C'est donc bien un vrai miracle dû à saint Antoine de Padoue. L'aumône est faite chaque jour avec un bonheur indicible : vous le comprendrez facilement.

*
* *

Une religieuse écrit de M... (Ardennes), le 16 septembre 1894 :

Il y a quelques mois, je vous écrivais en vous envoyant cinq francs de la part d'une mère de famille bien affligée de l'inconduite de son fils, dont elle demandait la conversion à saint Antoine. Je suis heureuse de vous annoncer que ce jeune homme, de son plein gré, a quitté la compagne indigne qui le tenait éloigné de Dieu. En reconnaissance, sa mère me prie de vous envoyer de nouveau cinq francs.

De X., le 6 janvier 1895.

Je suis heureuse de vous dire une nouvelle faveur venue de Toulon. Dans ma dernière lettre, je vous transmettais la recommandation d'une mère désolée de l'inconduite de son fils, père de trois enfants. Ce ménage désuni allait avoir recours à la séparation ou au divorce. J'ai fait renaître l'espoir dans le cœur de cette mère affligée. Je vous l'ai recommandée plusieurs fois sans détails, puis enfin, avec son autorisation, je vous ai tout dit. La voici exaucée, consolée. Son fils vient de lui écrire une lettre pleine de bons sentiments. Il reconnaît ses torts et témoigne d'un sincère repentir. La pauvre mère, après avoir tant souffert, est dans une joie facile à comprendre.

Il est de grandes conversions, il en est de petites. Ce n'est pas toujours « la résurrection d'un mort » que l'on demande à saint Antoine.

Une âme de bonne volonté écrit de Nancy :

J'ai un bien mauvais caractère qui rend tout le monde malheureux autour de moi. Faites prier vos chers petits pauvres pour que je devienne plus douce; je promets trois francs à saint Antoine.

Et ce sont les grâces que saint Antoine accorde très aisément, à preuve l'extrait suivant d'une lettre de l'Aveyron du 25 septembre :

Les premiers cinq francs ont produit leur effet, car jusqu'ici je ne suis plus retombé dans le défaut que j'avais à me reprocher.

***

Et que de pères de famille, que de jeunes gens, après des dix ans, des quinze ans, des vingt-cinq ans d'éloignement de Dieu, doivent à saint Antoine d'avoir fait leurs Pâques!

Car ce n'est pas seulement le pain du corps que le semeur de miracles a voulu nous apporter; c'est encore, et surtout, celui de l'âme.

C'est pénétré de cette pensée que S. G. Mgr Robert, évêque de Marseille, avait intéressé saint Antoine au succès de la grande mission que quatre-vingts religieux rédemptoristes vinrent prêcher à Marseille pendant le carême de 1897. Contre toute attente, et en dépit des pronostics les plus pessimistes, cette mission donna des résultats extraordinaires, merveilleux, dépassant de beaucoup toutes les espérances. Car la foi n'est pas morte sur notre sol, elle n'est pas encore près de s'éteindre : il suffit d'une étincelle pour la ranimer et la faire briller, tout d'un coup, du plus vif éclat.

La lettre par laquelle Mgr l'évêque de Marseille voulut que saint Antoine fût remercié d'un résultat auquel il avait eu sa bonne part, a sa place tout indiquée dans ces pages destinées à commémorer les fastes de saint Antoine de Toulon.

Évêché de Marseille.

Marseille, le 20 avril 1897.

Mademoiselle,

Je suis heureux de vous envoyer, de la part de Monseigneur l'Evêque, la somme de deux cents francs pour vos bonnes œuvres.

Veuillez remercier et faire remercier Dieu des grâces innombrables qu'Il a daigné répandre sur la ville de Marseille pendant la mission qui a réussi au delà de toute espérance.

Veuillez agréer, mademoiselle, l'hommage de mes sentiments très respectueux et dévoués en Notre-Seigneur Jésus-Christ.

Aug. Siméone,
Ch., Secrétaire général.

*
* *

Dans cet ordre de grâces véritablement insignes, il ne coûte rien à saint Antoine de renouveler, de nos jours, les merveilles dont ses historiens nous ont transmis l'émouvant récit.

Qui n'a été touché, en lisant sa vie, de la charité compatissante dont il usa, étant custode du couvent de Limoges, à l'égard d'un jeune novice, le frère Pierre, qui, pris de découragement, était sur le point de quitter l'ordre?

Eh bien, naguère, il ne secourut pas avec moins d'empressement et d'efficacité, dans une communauté d'une de nos plus lointaines colonies, une religieuse sur le point d'abandonner sa vocation, et ne voulant plus entendre parler du couvent.

Déjà ses dispositions étaient prises, sa famille prévenue l'attendait chaque jour, quand, par une grâce extraordinaire de saint Antoine à qui elle avait été recommandée d'une façon spéciale et pressante, la lumière se fait subitement dans son esprit. Elle reconnaît qu'elle jouait ainsi le salut de son âme, elle change tout à coup de résolution, déplore amèrement sa conduite, la traitant d'aveuglement et de folie, et déclare que jamais elle ne sera parjure à ses vœux.

Ce qui n'est pas le moins merveilleux dans ce

fait, c'est l'aumône, plus que modeste, en retour de laquelle a été obtenue cette grâce insigne.

La personne, en effet, qui eut l'inspiration de recommander cette pauvre religieuse n'est rien moins que fortunée. Elle avait promis à saint Antoine, s'il maintenait cette égarée dans sa vocation, de déposer tous les lundis, pendant un an, la minime somme de dix centimes dans le tronc du Pain des Pauvres.

L'aumône n'est rien, l'intention fait tout. Ce n'est pas sur l'importance de l'offrande que Dieu mesure ses grâces, c'est sur le sacrifice. « Que l'homme est riche », dit Bossuet, « son argent vaut tout ce qu'il veut ; sa volonté y donne le prix : une obole vaut mieux que les plus riches présents. »

*
* *

Le 18 février 1896, après une courte maladie, mourait à Ba:.dol (Var), madame de G., parvenue à l'âge de quatre-vingt-quatre ans. Ce fut un étonnement général, dans cette petite ville, lorsqu'on apprit que madame de G. était morte confessée, administrée, et dans de vifs sentiments de repentir et de piété. Et les sectaires du pays qui, de longue date, escomptaient son enterrement civil, furent fort désappointés.

La défunte, en effet, était surtout connue pour

sa haine de l'Eglise et des prêtres. Depuis son arrivée à Bandol, qui datait de quelques années, elle s'était constamment fait remarquer par son mépris des choses saintes. Un détail suffira à donner une idée de ses sentiments antireligieux dont l'expression publique indignait parfois la population : elle affectait de manger de la viande le Vendredi-Saint !

Dans les premiers jours de février, elle tomba malade. Son premier mot au médecin qui vint la soigner fut pour lui rappeler qu'elle ne voulait pas de *curé*. — « Tenez-vous pour averti, lui dit-elle, que si vous m'en amenez un, vous ne remettrez plus les pieds chez moi. » Pour être prête, d'ailleurs, à toute éventualité, elle avait fait placer à son chevet un bâton, afin de l'avoir toujours sous sa main pour repousser le prêtre, elle-même, s'il avait osé se présenter inopinément devant elle.

Ses précautions, on le voit, étaient bien prises, mais elle avait compté sans saint Antoine.

Un soir, en s'informant, dans la rue, de l'état de la malade auprès d'une personne qui la soignait, l'idée vint au jeune vicaire de la paroisse de donner à cette personne une petite image de saint Antoine de Padoue.

— Tenez, dit-il, offrez cette image à madame de G. ; vous la placerez sous son oreiller.

— Une image de saint Antoine, pour madame! Vous n'y pensez pas, monsieur l'abbé!

— Prenez toujours; vous verrez, elle ne la refusera pas.

Sur l'insistance du prêtre, cette personne accepte l'image, et quelques instants après, non sans redouter un esclandre, elle la présentait à la malade.

A peine madame de G. aperçoit-elle ce qu'on lui offre que, saisissant l'image avec empressement, elle la couvre de baisers et de larmes.

Profondément étonnées de ce spectacle inattendu, les personnes qui l'entourent lui suggèrent la pensée de recourir à saint Antoine. Et voilà que, joignant les mains, elle se met à l'invoquer avec ferveur. On lui donne une petite statuette du saint; elle la serre dans sa main et la porte dévotement à ses lèvres.

C'était beaucoup. Mais le bâton, debout à la tête du lit, interdisait de lui proposer d'accueillir le prêtre. Ses amis redoublent cependant d'instances auprès de saint Antoine, et, la voyant décliner rapidement, se décident, en tremblant, à lui demander si elle ne voudrait pas se réconcilier avec Dieu.

— Oui, dit-elle, aussitôt, allez me chercher un prêtre,

Il accourt, il l'absout, elle reçoit l'Extrême-Onction, avec une entière connaissance, offrant elle-même ses mains aux onctions du prêtre;

elle fait la paix avec sa belle-fille, depuis quinze jours à Bandol, mais qu'elle n'avait pas voulu recevoir encore.

Et sa famille, accourue autour de son lit, rend grâce à Dieu de cette merveilleuse transformation. Le prêtre qu'elle jurait d'expulser à coups de canne, elle le voudrait toujours à ses côtés. Il était venu le samedi ; il revint deux fois le dimanche, deux fois le lundi, et c'est au bon saint Antoine que s'adressaient toutes les effusions de la malade. Elle ne se lassait pas de baiser la petite image qui, pour elle, avait été le salut.

Et c'est dans ces sentiments qu'elle s'éteignit le mardi suivant, jour de Saint-Antoine, laissant à la chrétienne population de Bandol un mémorable exemple des infinies miséricordes de Dieu.

*
* *

Voici saint Antoine faisant mieux encore en accordant une grâce qu'on ne lui demandait pas.

Une dame, en proie à la plus vive émotion, se présentait, un matin d'octobre 1896, au confessionnal d'un vicaire d'une des paroisses de Toulon. Elle venait, en hâte, soulager sa conscience tourmentée par une vie de désordres et de crimes. De longues années s'étaient écoulées, en effet, depuis le jour où, pour la dernière fois, elle s'était approchée du tribunal de la pénitence.

Et ce qu'il y avait d'étrange dans sa démarche, c'est que ce jour-là même qui la voyait abîmée, repentante et contrite aux pieds du prêtre, elle ne pensait pas du tout, en se levant, qu'avant la fin du jour elle serait réconciliée avec Dieu.

Voici l'étonnant récit, entrecoupé de larmes et de sanglots, qu'elle fit au confesseur :

« Il y a vingt ans, monsieur l'abbé, que je vis loin de Dieu, l'offensant de toutes manières, et aussi étrangère que possible à toute pratique religieuse. J'étais depuis quelque temps anxieuse au sujet de la réussite d'une affaire de la plus haute gravité pour moi. Comme je faisais part, naguère, de mes inquiétudes à une amie, celle-ci me parla de saint Antoine. J'avais bien entendu parler, comme tout le monde, de ce saint que l'on invoque tant en ce moment. Mais je ne pensais pas plus à recourir aux saints qu'à prier Dieu. Cette amie me conseilla vivement de faire le voyage de Toulon et d'aller à l'arrière-boutique. Décidée à tout pour aboutir, je n'ai pas hésité une minute. J'ai pris le train, et ce matin je me suis présentée à l'arrière-boutique. Vous pouvez juger des intentions purement naturelles qui m'amenaient aux pieds de saint Antoine. Je n'avais même pas conscience, qu'au fond, c'était un acte religieux que j'accomplissais. Diverses personnes étaient agenouillées dans l'Oratoire ; je fis comme elles, machinalement, et me trouvant à genoux, presque sans y avoir pris garde, je me mis subitement à réfléchir à ce que je venais faire en ce lieu. Je me disposais à formuler ma demande au saint, comme on m'avait dit qu'il fallait le faire, quand, tout à coup, un trouble profond, indéfinissable s'est emparé de moi. Je n'ai versé aucune larme, je n'ai ressenti aucun remords, aucune agitation de conscience. Mais, subitement, s'est montrée à moi, avec une évidence irrésistible, la nécessité où je me trouvais de régulariser au plus tôt ma situation devant Dieu, et, en même temps, j'ai eu tout de suite la volonté ferme de le faire, sans une minute de retard. Je me suis levée, alors, monsieur l'abbé; j'ai demandé qu'on m'indiquât l'église la plus rapprochée, et me voici. Entendez-moi. »

Quand la confession fut achevée, le prêtre dit à l'étrangère :

— Et maintenant, madame, vous allez, sans doute, retourner à l'arrière-boutique pour prier saint Antoine d'achever son œuvre et de vous accorder ce que vous étiez venue lui demander?

— Non, reprit-elle, avec une expression de joie et de reconnaissance indicible. Non, après la grâce insigne de ma conversion, qu'il vient de m'accorder sans que je la lui demande, il aurait le droit de me trouver trop exigeante, si j'allais encore, le même jour, l'importuner pour une faveur uniquement temporelle. Non, je préfère revenir un autre jour.

Et, sur cette parole vraiment touchante, l'étrangère prit congé du prêtre et se retira.

Voilà des faits qui permettent de comprendre ce que saint Antoine est venu faire au milieu de nous. Ce sont là les vrais miracles. Ils sont, répétons-le, moins rares qu'on ne pourrait le supposer. Dans le public si mêlé qui visite l'arrière-boutique, combien étaient venus uniquement poussés par des pensées terrestres qui, avant de sortir, ont retrouvé la paix céleste de la conscience ! Le clergé de Toulon pourrait au besoin en témoigner.

*
* *

Il nous souvient d'une dame d'Algérie, d'un âge déjà fort avancé qui, depuis très longtemps, avait abandonné toute pratique religieuse. La religion ne tenait aucune place dans sa vie, elle n'y pensait jamais.

Dans le courant du mois d'août 1895, en visite chez des amies, elle fut conduite rue Lafayette. Profondément étonnée et émue de ce qu'elle vit, elle cherchait en vain le mot de l'énigme. Ce défilé de suppliants de tout âge, de tout sexe, de toutes conditions, ce tronc qui s'emplissait sous ses yeux, cette avalanche de lettres venues de tous les points du globe, la déconcertaient. C'était un monde nouveau qui se révélait à son intelligence demeurée jusque-là fermée aux choses de Dieu. Cette manifestation en quelque sorte palpable du surnaturel opérait dans son cœur une transformation, elle sentait fondre en elle les glaces de l'incrédulité.

Elle partit, disant les larmes aux yeux : « Priez, mademoiselle, seulement pour que j'aie la foi. »

Dès le lendemain, c'était chose faite, car saint Antoine est expéditif. On n'en apprit toutefois la bonne nouvelle que plusieurs semaines après. En quittant Toulon, cette dame était allée s'embarquer à Marseille, et c'est d'Algérie qu'elle écrivit à son amie de Toulon, en envoyant 50 francs pour l'arrière-boutique : « Remerciez saint Antoine : avant de quitter Marseille, je me suis réconciliée avec Dieu et j'ai fait la communion. »

*
* *

Dansla matinée du 13 juin 1896, pendant que la foule des pèlerins attirée par la fête du saint se pressait dans l'oratoire, une dame, s'approchant de mademoiselle Bouffier, lui disait textuellement :

— Mademoiselle, je n'y tiens plus. Je suis venue plusieurs fois dans votre arrière-boutique.

Ce que j'y vois me remue profondément et me touche plus que je ne puis dire. Voilà trente ans, mademoiselle, que je ne me suis pas confessée. Aujourd'hui même, je veux me réconcilier avec Dieu. Mais je suis étrangère, je ne connais personne à Toulon ; rendez-moi, s'il vous plaît, le service de me faire accompagner auprès d'un prêtre.

L'Intendante accède avec un empressement qu'on devine au désir de sa visiteuse, et, quelques instants après, la convertie de saint Antoine revenait, le visage rayonnant de joie, remercier le saint de lui avoir rendu la paix.

Quel splendide cadeau de fête !

* * *

En terminant ce chapitre, qu'on nous permette un mot sur ce qu'on pourrait appeler les conséquences sociales du Pain des Pauvres et sur le parti que les curés peuvent et doivent en tirer pour leur paroisse.

Les scènes grandioses et empoignantes dont la crypte du Sacré-Cœur, à Montmartre, et la chapelle des Franciscains, à Puteaux, sont le théâtre, quand les foules affamées accourent recevoir, à la fois, le pain du corps et celui de l'âme, manifestent éloquemment le caractère providentiel de cette œuvre.

Mais sur un théâtre plus modeste, dans nos humbles paroisses rurales, par exemple, sa portée ne sera pas moindre, nous en sommes assuré, si les prêtres savent comprendre l'invite de la Providence et y correspondent.

En venant mettre des ressources inespérées dans la main de nos pauvres curés, quel but s'est donc proposé saint Antoine?

Point d'autre assurément que le bien des âmes. Mais par quel moyen? En grandissant le rôle du prêtre dans la paroisse et en restaurant son influence partout où elle n'était plus qu'un souvenir.

Or, à combien de curés le pain de saint Antoine n'a-t-il pas procuré le moyen de sortir enfin de cet isolement mortel auquel les condamnait l'indifférence religieuse de leurs ouailles, à défaut de leur hostilité!

A ce point de vue, l'extrait suivant de la lettre d'un ami sur les faits dont il a été le témoin, dans une petite paroisse du diocèse de Cambrai, intéressera vivement nos lecteurs et pourra, par ailleurs, servir d'exemple.

X***, près Cambrai, 27 janvier.

Chère Intendante,

X*** a sa statue de saint Antoine. Il y a quinze mois que M. le Curé l'a placée dans son église, sur un beau piédestal en chêne sculpté, avec tronc pour les promesses et les offrandes. La figure du saint est toute céleste. En entrant et en sortant, les fidèles s'arrêtent pour adresser une prière au bon saint.

Cent huit livres de beau pain blanc sont distribuées chaque mois aux pauvres de cette paroisse qui compte 348 habitants. La distribution ne se fait pas sans solennité.

Après la messe, les 18 enfants représentant 18 familles se rangent autour de la statue de saint Antoine.

Sur une table, recouverte d'une nappe bien blanche, sont déposés 18 gros pains de six livres chacun.

Tous chantent le cantique ; puis M. le Curé fait une courte instruction ; on prie pour les bienfaiteurs. Chaque enfant reçoit son pain, et l'invocation *Sancte Antoni Patrone noster...* termine la petite cérémonie.

C'est simple, mais c'est surtout très chrétien.

Le curé de X***, qui voit toujours le côté surnaturel des choses, me disait : « Mon influence augmente depuis que j'ai établi la dévotion à saint Antoine. On nous a chassés, nous curés, du bureau de bienfaisance, fondé par nous ; et me voilà, par la grâce de saint Antoine de Padoue, à la tête d'un nouveau bureau, où je suis le seul maître. Dans dix-huit familles, on reçoit avec reconnaissance le pain de saint Antoine, qui devient un peu aussi le pain de M. le Curé. »

Oui, que ce qui se passe en grand à Montmartre, à savoir l'évangélisation des pauvres dont le dénûment des choses nécessaires à la vie n'égale pas à beaucoup près la détresse morale, soit imité partout, jusque dans les plus humbles bourgades.

Que partout le pain du corps, libéralement procuré par saint Antoine, serve, pour ainsi dire, de passeport à la parole de vie, au pain de l'âme.

CHAPITRE NEUVIÈME

SEMENCES DE FOI

Rendre la foi à ceux qui l'ont perdue, ou la faire revivre et refleurir dans les âmes où elle s'étiolait, ce n'est rien pour saint Antoine; il veut davantage encore, il étend ses conquêtes plus loin que les frontières de l'Église. C'est aux schismatiques, aux juifs, aux musulmans, aux païens eux-mêmes qu'il offre l'inappréciable bienfait de la vérité. Il propose la foi à ceux qui ne l'ont pas, la fait luire dans leurs ténèbres, leur fait éprouver le besoin de la posséder, et leur procure cette joie!

Il est déjà fort extraordinaire de voir les journaux les plus réfractaires aux idées mystiques se mettre à chanter les louanges du Thaumaturge et vulgariser son nom comme celui du saint dans lequel les pauvres doivent le plus espérer.

On ne peut plus ouvrir une souscription dans les feuilles publiques, sans qu'il pleuve immédiatement des dons, anonymes ou non, où l'on se réclame de notre saint. C'est par douzaines qu'on aurait pu compter, à la *Libre Parole,* dans le carnet de madame Séverine, des offrandes avec cette pieuse apostille : *Reconnaissance à saint Antoine de Padoue !* Un journal qui se serait, jadis, permis cela, eût été traité carrément de feuille de sacristie. Ce n'est pas un des moindres prodiges de saint Antoine de faire accepter ainsi le surnaturel par tous, et d'habituer insensiblement les masses, par la lecture des journaux neutres et même mauvais, à cette idée qu'il y a des saints, qu'ils nous écoutent quand nous les prions, et que l'aumône est encore un bon moyen de nous les rendre favorables.

Mais ce qui n'est pas moins curieux que la faveur que saint Antoine retrouve auprès de baptisés qui n'attendent souvent qu'une occasion pour se ressouvenir de leur baptême, c'est l'empressement qu'il met à répondre aux prières des infidèles.

M. Marcel Monnier, rédacteur du journal protestant *le Temps*, a raconté dans son « Tour d'Asie » un trait charmant que nos lecteurs nous sauront gré de leur faire connaître. Il montre que la réputation de saint Antoine est allée jusqu'en Chine :

« Il existe, dans ce pays, des compagnies qui ont pour but de creuser des puits pour faciliter l'irrigation des terres. De ce nombre est la Compagnie de l'Espérance — un nom tout indiqué — ayant pour président M. Whang, un Chinois authentique. Il y a quelques années, l'un des puits appartenant à cette compagnie vint à tarir. On juge de la désolation ! Les bons Chinois qui composent le conseil d'administration s'émeuvent et délibèrent sur les mesures à prendre. On vote des prières, des offrandes aux différentes pagodes. Dans le voisinage du puits se trouve une mission française, celle de Tz-Liu-Tsin, ayant à sa tête le P. Boucheré. L'un des assistants propose de solliciter son intervention.

» Parmi les administrateurs se trouve justement un chrétien. C'est lui qu'on charge naturellement des pourparlers. Celui-ci va trouver le P. Boucheré et lui demande s'il n'existe pas, au ciel, quelque saint dont la spécialité soit de faire retrouver les objets perdus. Le digne prêtre, un peu surpris, répond au délégué qu'en effet la prière est d'un grand secours aux heures difficiles et qu'on peut tout obtenir par l'intercession des saints.

» — Mais auquel s'adresser plus particulièrement pour notre affaire ?

» — Pour votre affaire ?... la question est délicate. Je te dirai pourtant que les ménagères de mon pays, lorsqu'elles ont égaré quelque chose, ont coutume d'invoquer saint Antoine de Padoue.

» — Un grand saint ?

» — Des plus grands !

» Le délégué revient auprès de ses associés et leur expose qu'il a pris sur lui de promettre, en cas de réussite, trois piculs de riz (près de 300 kilos) pour l'hôpital chrétien.

» A ces mots, le conseil se récrie. Trois piculs une fois donnés, quelle misère pour une compagnie comme la leur ! Il faut retourner chez le missionnaire et lui annoncer qu'en cas de réussite on donnera trois piculs *par mois* et cela à perpétuité.

» A quelques jours de là, l'eau était revenue dans le puits et la compagnie était dans la joie. L'adage italien : *Passato il pericolo, gabbato il santo* n'a pas cours en Chine, paraît-il. La promesse a été scrupuleusement tenue. Et voilà comment, depuis cinq ans bientôt, conclut M. Marcel Monnier, la compagnie de l'Espérance sert à la mission de Tz-Liu-Tsin une rente mensuelle de 3 piculs de riz en l'honneur de saint Antoine de Padoue. »

***

Nos missionnaires en Chine, comme en Océanie, en Amérique et ailleurs, commencent au surplus à connaître le parti qu'ils peuvent tirer de saint Antoine pour l'évangélisation des infidèles. On va voir avec quel succès un religieux des Missions étrangères, le P. Dérouin, le mit à l'épreuve.

Chargé depuis un an, par son évêque, d'évangéliser le territoire de la sous-préfecture de Où-Chon (Chine), il s'attristait du peu de résultat de ses efforts auprès des malheureux païens qui l'entouraient. Il en était à se demander quel moyen il pourrait bien employer pour arracher ces chères âmes aux griffes du démon, lorsqu'au mois d'octobre 1896, un Franciscain de Hoù-Peë, son voisin, lui remit la brochure du P. Marie-Antoine : *Les grandes gloires de saint Antoine.* Il la lut avec un vif intérêt, y apprit à mieux connaître notre saint, et, désireux d'utiliser l'œuvre du Pain au profit de ses ouailles, passa même avec saint Antoine un compromis dont il eut soin d'informer mademoiselle Bouffier, le 19 juillet 1897.

Voici, dit-il, le langage que je tins à saint Antoine : « Bon saint Antoine, on vous dit l'ami des pauvres, prouvez-le. Ils ne manquent pas ici ; eh bien ! si vous voulez qu'ils aient à manger, *donnez-moi des âmes*, sans quoi je les laisse mourir de faim. C'est entendu, je ne fais plus d'aumônes gratis. » Je commençai ensuite la neuvaine des mardis.

Dans la semaine même où il achevait sa neuvaine, le zélé religieux apprenait la conversion à Miao-ui-tsao (la vallée des Pagodes) d'un lettré chinois, un des principaux dignitaires de l'endroit.

Depuis lors, ajoutait-il, il s'est fait prédicateur ; si bien que maintenant le nombre des familles qui ont suivi son exemple dépasse de beaucoup la centaine, et il ne se passe guère de semaine sans que l'une ou l'autre famille païenne ne vienne grossir ce nombre.

Et le 18 décembre de la même année, voici les détails vraiment surprenants qu'il mandait à l'Intendante :

Tous mes néophytes persévèrent et leur nombre s'accroît presque chaque semaine, de sorte qu'à Miao-ui-tsao, il doit y en avoir maintenant *cinq ou six cents*, alors que, l'année dernière, *il n'y en avait pas un seul.....*

Oui, mademoiselle, merci pour la proposition que vous voulez bien me faire. J'accepterai avec plaisir les caisses que vous voudrez bien m'envoyer (1), mais ce que je vous demande par-dessus

(1) Il nous faut renoncer à reparler ici de l'*Œuvre des Missions*, à laquelle nous avons consacré un chapitre spécial dans notre premier volume. Bornons-nous à dire qu'elle est plus que jamais florissante et que grâce à des bienfaiteurs dont la charité ne se lasse pas, elle continue à pourvoir aux besoins des missions toujours plus nombreuses.

tout, ce sont des prières et des sacrifices pour les chères âmes païennes et chrétiennes qui me sont confiées.

Nous sommes si peu habitués aux conversions dans notre pauvre Chine, que les événements qui se sont passés dans mon district *ont surpris tous mes confrères*. J'en rapporte bien haut la gloire à saint Antoine, et déjà l'un de mes anciens confrères m'écrivait dernièrement pour me demander *comment je m'y prenais avec saint Antoine.*

Donc, croisade de prières auprès de notre bon saint, pour obtenir de lui que les premières conquêtes au Sutchuen soient des conquêtes définitives et deviennent, par son intercession, le signal d'un mouvement de conversions sérieuses dans notre grand vicariat apostolique.

Voilà pour encourager nos curés de France à suivre cet exemple, à imiter ces pieuses industries. Pourquoi ce qui réussit en Chine si merveilleusement, ne réussirait-il pas également dans ces pays de missions que sont, hélas! devenues, au milieu de nous, tant de paroisses rurales et urbaines?

***

Aux Indes, notre saint est très populaire, et tout ce qui le touche intéresse vivement ces populations. Le R. P. Baulez, missionnaire apostolique, écrivait de Vellore (Indes anglaises), le 10 décembre 1895, pour annoncer à l'Intendante qu'il venait de traduire en tamoul l'histoire du Pain des Pauvres : « Saint Antoine, disait-il, est le plus grand saint de l'Inde ; nos chers Indiens ont en lui une confiance absolue, aussi sont-ils tout heureux d'apprendre que les Blancs *commencent à s'y mettre.* » Une autre traduction, du même livre, a été faite pour l'île de Ceylan. C'est en dire assez sur la popularité dont jouit notre saint, même parmi les païens.

La Voix de saint Antoine, dans son numéro de décembre 1897, en rapportait un trait charmant qui mérite bien d'être reproduit :

« Un païen des environs de Calicut, marié depuis déjà longtemps, avait quatre filles ; mais il eût désiré ardemment un fils. Un jour qu'il contait son chagrin à l'un de ses amis, idolâtre comme lui, celui-ci dit : « Pourquoi ne vas-tu pas prier *Antonio Mader Souami* (nom tamoul de saint Antoine) ? Il est très puissant ; je l'ai expérimenté ; il t'exaucera certainement.

— Tu crois? fit le païen indécis et sentant malgré lui l'espérance poindre au fond de son cœur.

— Oui, essaie. Tu ne t'en repentiras pas. »

Le païen s'en fut donc à une église des chrétiens et, poussé par la grâce, fit vœu à saint Antoine de faire baptiser le fils qu'il attendait de son intercession.

La réponse du Thaumaturge ne se fit pas attendre. Un an, en effet, ne s'était pas écoulé que Miniamal, épouse du païen, mettait au monde un garçon, qui fut immédiatement baptisé sous le nom d'Antonisami. »

*
* *

Il n'écoute pas moins favorablement les israélites. Le 1er juin dernier l'Intendante recevait de Tunis la lettre suivante :

Je suis une élève d'un couvent de Tunis et je viens, au nom de mes compagnes, solliciter le secours de saint Antoine.

Nous sommes sept aspirantes, trois au brevet supérieur qui aura lieu le 21 juin et quatre au brevet simple qui aura lieu le 8 juin.

Nous promettons à saint Antoine une somme de 35 francs (5 francs chacune), s'il daigne exaucer notre prière ; si une seule d'entre nous est refusée, il n'aura rien, mademoiselle.

Recevez, mademoiselle, avec tous mes remerciements, l'expression de mon respect.

UNE ISRAÉLITE.

Et le 20 juin, la jeune israélite, qui donnait son nom, envoyait à l'arrière-boutique, non point 35 francs, mais 55 francs. Car au brevet simple, on avait un moment désespéré de la réussite.

« Nous promîmes, alors, encore du pain, dit-elle et nous fûmes toutes reçues assez brillamment. »

*
* *

Un soir de septembre, une dame israélite bien connue de Toulon entrait, sans hésitation, dans l'arrière-boutique. Très simplement, elle raconta ce qui suit :

— « Je désirais vivement certaine chose qui n'arrivait pas. Une amie me suggéra la pensée de recourir à saint Antoine, et de lui faire une promesse. — A saint Antoine? dis-je. Une israélite? Vous n'y pensez pas! — Et pourquoi pas, me répondit-elle, que risquez-vous? Mademoiselle, j'ai suivi ce conseil, et j'ai été immédiatement exaucée. Voici pour vos pauvres. »

Et elle remit vingt francs à mademoiselle Bouffier.

*
* *

Ce sont des semences, ces petites faveurs; beaucoup, certainement, avorteront, mais d'autres pourront germer, et qui saurait dire les fruits inespérés qu'on leur verra porter.

C'est une jeune fille israélite qui, à la suite de quelques grâces obtenues, écrivait, en octobre 1897, d'Italie :

J'attends encore une grâce de saint Antoine, c'est de faciliter ma conversion et mon entrée en religion. Cette grâce obtenue, mademoiselle, vous occuperez une grande place dans mon cœur, et je le jure, tous les jours de ma vie, je prierai Dieu pour vous et pour tous ceux que vous aimez.

*
* *

Les schismatiques n'ont pas moins de vénération que nous pour saint Antoine. Sa dévotion est très répandue en Russie, et le czar Nicolas professe, dit-on, un culte tout particulier pour lui. Aussi, dans le courrier de Russie, chaque jour très considérable à l'arrière-boutique, les lettres d'*orthodoxes* ne sont-elles pas rares : « Bien que nous soyons de religion différente », écrit-on de Simbirsk, « vous catholique romaine, moi *catholique* orthodoxe, nous appartenons quand même à Notre-Seigneur Jésus-Christ, et avons la même foi en sa miséricorde et la même vénération pour ses saints. »

*
* *

Mais les protestants qui ne vénèrent point les saints, les protestants instruits à voir une superstition, une idolâtrie, dans le culte que nous leur rendons, se hasardent-ils, eux aussi, à s'adresser à saint Antoine? Sans le moindre doute, et ils n'ont pas à le regretter plus que les autres.

Voici la lettre qu'un diplomate étranger des plus distingués, correspondant assidu de l'arrière-boutique, écrivait le 18 janvier 1896 d'une ville de la Suisse :

Mademoiselle,

Une mère très éprouvée par la maladie d'yeux aiguë de son fils unique a sollicité mon intervention près de vous, pour intéresser saint Antoine de Padoue à la guérison de son fils.

Le jeune homme, âgé de vingt-deux ans, *n'est pas catholique;* une grâce obtenue par l'intervention de saint Antoine aurait un effet salutaire sur cette âme. Il paraît atteint d'une infection violente et se trouve menacé de cécité complète.

Hier soir, sa mère ayant lu un numéro des *Annales de l'Arrière-Boutique,* a fait vœu de donner *1,000 francs* à saint Antoine pour le Pain de ses Pauvres après la *guérison complète* et *sans danger de rechute* de son fils.

Ce matin, le médecin, pour la première fois, a été rassurant, et lui promet de guérir son enfant. Veuillez prier et faire prier vos pauvres pour la guérison et le salut de cette âme.

Agréez, Mademoiselle, etc.

Cte de X***.

Moins de cinq mois après la grâce était obtenue, complète, ainsi qu'en fait foi la lettre que la mère du jeune malade écrivait, à son tour, le 1er juin à mademoiselle Bouffier :

Mademoiselle,

Je m'étais adressée à vous par l'entremise du comte de X... au mois de janvier dernier, pour recommander à vos prières mon fils atteint d'un mal d'yeux grave.

Je viens aujourd'hui vous annoncer que votre bon saint a exaucé nos prières en nous accordant une *complète guérison*, et que, dans les premiers jours du mois prochain, je vous enverrai mille francs pour votre œuvre.

En attendant, je recommande toujours mon fils à vos prières, en vous envoyant l'expression de mes sentiments les plus distingués.

Saint Antoine a semé le grain, à Dieu le soin de le faire germer.

* * *

Madame M..., veuve d'un docteur en médecine de Marseille, avait un placement d'argent à faire, tout son avoir consistant en une somme de 25,000 francs, environ. Pour opérer prudemment, elle s'en remit à M. M..., un architecte bien posé, et lui demanda s'il ne connaissait pas quelque petit immeuble dont elle pût faire l'acquisition. L'architecte lui promit de s'occuper de son affaire. Diverses démarches et pourparlers n'aboutirent pas au gré de sa cliente, l'affaire traîna; bref, un jour, M. M... lui dit :

— Je crois, madame, que pour faire réussir cette affaire, il faudra recourir à saint Antoine. Je vous engage à vous adresser à lui.

— Voyons, monsieur M..., dit la dame, soyez donc sérieux : vous savez bien que je suis protestante.

— Tiens, c'est vrai, dit-il; je l'avais oublié.

— Vous voulez vous moquer de moi?

— Mais, pas du tout, madame, reprit M. M... Je suis très sérieux. Recourez quand même à saint Antoine, si vous m'en croyez, et vous verrez que vous vous en trouverez bien.

Après avoir hésité un temps assez long, et pour cause, madame M..., sur les instances réitérées de son architecte, se résout enfin. Elle fait une promesse de pain, et diverses personnes pieuses de sa connaissance, qu'elle instruit de sa démarche hardie, s'associent à ses prières.

A quelque temps de là, on annonçait la vente aux enchères d'une petite maison sur la mise à prix de 17,000 francs. L'architecte, consulté, va visiter l'immeuble, en fait l'expertise avec soin, prend ses renseignements et conclut que l'immeuble est solidement bâti, d'un bon rapport et d'une valeur bien supérieure au prix demandé.

— Sans inconvénient, dit-il à sa cliente,

vous pouvez pousser cette maison jusqu'à 25,000 francs.

La vente a lieu quelques jours après et l'immeuble reste à madame M... pour le prix de 17,300 francs. C'était une affaire d'or.

Et l'architecte, en l'invitant à ne pas manquer au moins de s'acquitter de sa promesse, lui demanda si cela ne lui prouvait pas le pouvoir des saints et n'ébranlait pas quelque peu ses préjugés de protestante. La trouvant enthousiasmée de son succès, il se risqua même à lui dire :

— Vous allez voir que saint Antoine vous fera devenir catholique.

— Hé, répondit madame M..., devenue songeuse, qui peut savoir ! j'avoue que c'est merveilleux, et que cela donne à réfléchir.

*
* *

Elle ne demandait certainement pas ce qui, dans sa situation, pressait le plus, cette jeune protestante, mademoiselle G., qui, le 12 décembre 1895, écrivait à mademoiselle Bouffier qu'on l'avait encouragée à s'adresser à saint Antoine, qu'elle lui demandait une grande grâce et promettait d'abjurer l'hérésie, si elle était exaucée.

C'est ce que l'Intendante lui écrivit en l'assurant de ses prières.

Quelques amis, bons catholiques, tout en s'attristant qu'elle mît une telle condition à sa conversion, lui promirent également de prier pour elle saint Antoine, entre autres un de nos amis de Toulon, M. Th..., alors de passage à Nantes. Il s'intéressait vivement à cette jeune fille et l'avait mise en rapport avec une communauté religieuse, les *Sœurs auxiliatrices des âmes du purgatoire*. Mais saint Antoine, condescendant à la faiblesse de sa cliente, se chargea de lui apprendre dans quel ordre il faut demander les grâces.

Trois mois après, la jeune fille n'avait pas encore été exaucée, mais elle était devenue catholique. L'abjuration, le baptême sous condition et la première communion eurent lieu, à Nantes, le 19 mars 1896, dans la chapelle des Auxiliatrices. Et le 23 avril, l'heureuse convertie écrivait à mademoiselle Bouffier :

Je ne sais pas si vous vous souvenez de la lettre que je vous ai adressée l'année dernière et dans laquelle je vous demandais de joindre vos prières aux miennes. Je demandais à votre bon saint Antoine une grâce, lui promettant, s'il me l'accordait, de me faire aussitôt catholique. Saint Antoine ne m'a pas accordé la grâce que je lui demandais, mais il a bien voulu me faire celle de me rendre catholique, sans que je m'en aperçoive. Je lui en suis très reconnaissante. Je ne vous donne pas d'autres détails sur mon abjuration puisque M. T... vous a tout raconté.

Si le bon saint Antoine m'accorde la grâce que je lui demandais, je lui promets quinze francs pour le Pain de ses pauvres.

« Mais maintenant, nous disait M. Th., elle est convaincue de cette vérité, que si la grâce qu'elle a demandée doit lui être utile, elle l'obtiendra. Dans le cas contraire, elle reste soumise à la volonté de Dieu. »

∴

Mais quelle splendide justification du culte que les catholiques rendent aux saints, même aux yeux de leurs contempteurs les plus obstinés, que l'étonnant pouvoir dont jouit, de nos jours, ce saint du treizième siècle, et les prodiges qu'il multiplie pour la joie et la consolation de ceux qui l'invoquent, d'où qu'ils viennent.

Que les protestants de bonne foi osent donc mettre à l'épreuve celui qui fut appelé le *marteau des hérétiques*. Ils ne le trouveront sûrement pas moins compatissant que l'Albigeois dont il contraignit la mule à adorer la divine hostie.

Et si, touché de leur foi et de leur bonne volonté, il daigne leur donner quelques marques sensibles du crédit dont il jouit sur le cœur de Dieu, il leur procurera, par surcroit, qu'ils n'en doutent pas, avec la grâce de voir la Vérité, la force nécessaire pour y adhérer.

CHAPITRE DIXIÈME

LES BONS TOURS DE SAINT ANTOINE

Le lecteur excusera le titre un peu familier de ce chapitre. Aucun autre n'exprimerait plus exactement ce qu'il y a d'imprévu, d'ingéniosité, de piquant, risquons le mot de malicieux, dans la façon dont notre saint exauce parfois ses clients.

Il nous fait bien voir, sans doute, qu'aucun obstacle ne l'arrête. Il les surmonte, comme en se jouant, pour peu que l'intérêt de ses pauvres le commande ; mais, lorsque pour atteindre son but, il lui suffit simplement de tourner les difficultés, il ne s'attarde pas à les renverser. Il est sans pareil pour donner aux faveurs qu'il accorde ce tour original, ce cachet particulier qui fait hésiter celui qui en est l'objet entre le sourire et les larmes.

Nous avons déjà raconté, dans ce genre, quelques traits fort amusants ; en voici d'autres que le lecteur ne lira peut-être pas avec moins de plaisir.

∴

Le matin de sa fête (13 juin 1896), saint Antoine, dans son arrière-boutique, ménageait une jolie surprise à une pauvre mère accourue de Saint-Tropez (Var) pour embrasser son fils, matelot à bord d'un cuirassé de l'escadre, qu'elle n'avait plus revu depuis de longs mois.

La veille ils étaient venus ensemble à ses pieds, la mère et le fils, demander au saint une grande faveur. Il ne s'agissait de rien moins que d'un congé. Mais les chances de l'obtenir étaient bien petites, sinon nulles !

Le 13, vers les huit heures du matin la mère, revenue seule, était agenouillée au milieu de beaucoup d'autres pèlerins. Le cœur fort triste, elle présentait sa supplique à saint Antoine.

Elle était là, depuis quelques minutes, lorsqu'un visiteur entra dans le magasin, et elle entendit qu'on le saluait de ces mots : Bonjour, monsieur le commandant. » Brusquement elle se relève comme poussée par une inspiration, et s'approchant de l'officier en civil et dont le nom n'avait pas été prononcé :

— Seriez-vous, interrogea-t-elle timidement, monsieur le commandant L... ?

— Oui, madame, répondit aimablement l'officier.

— Alors, vous êtes le commandant de mon fils.

— C'est bien possible. Comment s'appelle-t-il ? Il est donc embarqué sur le *C...* ?

— Oui, monsieur, dit-elle ; c'est un matelot.

Elle le nomme et ajoute :

— Je suis venue demander, pour lui, une grande grâce à saint Antoine.

— Et laquelle ?

— C'est que mon fils obtienne quelques jours de congé, pour venir chez nous.

— Ah !... Et vous habitez Toulon ?

— Non, je suis venue hier de Saint-Tropez, pour le voir.

— Et combien de jours de congé avez-vous demandés à saint Antoine ?

— Oh ! mon commandant, le plus possible.

— Cela va sans dire. Eh bien, je vous accorde trois jours. Je retourne à bord dans quelques minutes, je vais vous envoyer votre fils.

Inutile de dire la joie de la mère si rapidement exaucée. Après avoir exprimé sa gratitude au commandant si providentiellement amené par saint Antoine, elle s'agenouilla de nouveau aux pieds du saint, et pria, avec quelle ferveur ; mais l'émotion la faisait trembler et son visage était baigné de larmes.

*
* *

En novembre dernier, le percepteur d'une petite ville du Gard écrivait pour demander à saint Antoine de le tirer d'embarras. Il s'agissait de lui faire retrouver une somme de 100 francs volée, ou perdue par suite d'une erreur de caisse, dans tous les cas introuvable. Il promettait 10 francs, s'il rattrapait ces 100 francs.

Or voilà que le 5 décembre, ouvrant, pour le parcourir, le journal financier auquel il est abonné, quel n'est pas son étonnement de lire dans une liste de titres sortis au tirage le numéro d'une des valeurs qu'il possède depuis quinze ans. Il ne demandait que 100 francs et saint Antoine lui en faisait gagner 500.

Sur le premier moment, tout à la joie de sa bonne aubaine, il ne songeait guère à sa promesse. Mais son employé se prit à lui dire : « Vous avez de la chance, monsieur. On voit que la Providence ne vous abandonne pas. »

« A cette phrase, écrit notre percepteur, je suis rentré en moi-même, et j'ai reconnu, à n'en pas douter, un de ces bons coups de notre cher saint. Aussi je m'empresse de vous envoyer le mandat de 10 francs promis. »

*
* *

Il y avait longtemps qu'un agent de police de Toulon postulait pour entrer dans la gendarmerie, mais sa nomination n'arrivait jamais. Un jour que, vaguant sur le marché, il faisait part de son ennui à une maraîchère de sa connaissance, celle-ci l'engagea à s'adresser à saint Antoine : « Allez donc le voir, lui dit-elle, il vous donnera un coup de piston sérieux. »

L'agent de police n'alla pas le voir, mais il lui fit tout de même une promesse, sans plus de résultat, d'ailleurs. — « Non, voyez-vous, lui dit un jour la bonne femme, j'ai idée que saint Antoine ne vous accordera rien, tant que vous ne serez pas allé le voir chez lui. »

C'est à quoi le sergent de ville se décida et, quelques jours après, revêtu, par prudence, d'habits civils, il venait à l'aube, incognito, conter son affaire au saint de la boutique.

Qui fut étonnée, peu de jours après, de voir accourir à elle, lui sauter au cou et l'embrasser, *coram populo*, un superbe gendarme tout reluisant sous son costume flambant neuf, c'est la chère femme qui avait bien jugé que saint Antoine serait sensible à une visite.

Et le gendarme, en lui mettant dans la main

l'offrande promise, lui dit : « Allez, c'est tout de même un fier homme, votre saint. »

*
* *

Le 13 septembre 1896, un religieux bien connu entrait dans l'arrière-boutique.

— Mademoiselle, dit-il, voilà une offrande que je suis chargé de vous remettre pour vos pauvres. C'est d'une naissance et presque d'une conversion qu'il s'agit. Je viens de la part de M. X. Sa pauvre jeune femme a eu des couches exceptionnellement laborieuses et pénibles. Elle ne s'en est tirée, on peut le dire, que grâce à votre saint. Le mari qui était légèrement sceptique, comme vous savez, n'avait pas grande confiance en lui, jusqu'ici. Pourtant, quand il vit sa femme au plus mal, la dévotion, tout de même, lui vint un peu. S'approchant d'une mignonne statuette de saint Antoine qui sort d'ici et que sa femme laisse à demeure sur un petit meuble, il dit, en posant devant le saint une pièce de cinq francs : « Saint Antoine, voilà pour vos pauvres, mais que ma femme soit promptement délivrée. » Le sacrifice ne parut-il pas suffisant au Thaumaturge? je ne sais; quoi qu'il en soit, ça ne marchait pas mieux, au contraire. Tirant alors un deuxième écu de son gousset et le déposant sur le premier : « Tenez, dit-il, voilà cinq francs de plus, mais, de grâce, dépêchons-nous. » Et toujours rien, et le temps passait, et l'angoisse étreignait le cœur du pauvre mari. Un troisième écu vint s'ajouter aux deux autres : « Enfin, n'est-ce point encore assez, saint Antoine? » dit-il, en murmurant, tout bas, une prière. Il faut croire que le saint jugea que le sacrifice était suffisant, car à l'instant même l'événement tant désiré se produisit, et la joie succédait aux douleurs et aux angoisses. Et le religieux, en terminant son récit, ajouta : « La mère et l'enfant se portent bien, et je viens de faire le baptême. » Puis, baissant la voix, à l'oreille de l'Intendante : « Et vous savez, c'est une petite Antoinette. »

*
* *

Un soir des premiers jours de janvier, me trouvant à l'arrière-boutique, j'eus le plaisir d'y rencontrer M. G. M., un ami d'enfance, actuellement à la tête d'une maison de commerce importante d'une grande ville voisine. Voici le trait qu'il me raconta et qui est peut-être un des tours les plus réussis de l'ingéniosité de notre saint à l'égard de ses clients.

« Depuis quelques années, me dit-il, nous n'étions pas entièrement satisfaits de la marche des affaires. On travaille beaucoup, on vit simplement, et les résultats de tant d'efforts dépensés restent médiocres. J'en causais un soir en famille, assez attristé, quand ma femme se mit à dire : « Et saint Antoine ? ce serait le cas de lui recommander nos affaires. — Tiens, repris-je aussitôt, c'est une bonne idée. » Et le soir même une neuvaine était commencée en famille.

Elle se terminait un vendredi. Ce jour-là, je ne sais à quel propos, j'eus l'occasion d'en dire un mot à mon frère qui est aussi mon associé. « Ton idée est excellente, me dit mon frère, et je n'ai qu'un regret, c'est de ne pas avoir été prévenu par toi ; j'aurais volontiers pris part à cette neuvaine. Mais pour m'y associer tout de même, d'une certaine façon, je veux acheter, pour le comptoir, une statue de saint Antoine. Le soir même l'emplette était faite et le lendemain matin, samedi, la statue du saint fut intronisée dans le bureau.

Ce bel acte de foi méritait bien d'être récompensé. Il le fut, et le jour même, et voici de quelle manière véritablement extraordinaire.

Dans le courant de la matinée, un jeune commis de bureau, chargé de régler certaines opérations de douanes, passant fortuitement derrière le pupitre du caissier, sur lequel était étalé, tout ouvert, le livre de caisse, jeta machinalement les yeux sur ce registre, où un chiffre le frappa.

La veille au soir, en réglant les dépenses de la journée, il s'était fait rembourser, par le caissier une petite somme de 4 fr. 75. Or, à cet article qui le concernait, il ne fut pas peu surpris de constater, à la volée, que le livre portait une dépense de 14 fr. 75, « Mais, pensa-t-il, c'est dix francs de plus qu'il n'en a dépensé?... » Tout pensif, il regagna sa place et se mit à réfléchir sur ce qu'il venait de découvrir. « 14 fr. 75, au lieu de 4 fr. 75. C'est clair, le caissier vole dix francs au patron. »

Peu d'instants après, le caissier s'absentait quelques minutes.

Le jeune commis, sous un prétexte quelconque, revient au livre, resté ouvert, *par un oubli* du caissier, et, avec son calepin des notes de la semaine, faisant une rapide comparaison, peut constater que, presque tous les jours, le chiffre de certaines dépenses est ainsi augmenté.

Le trouble de ce pauvre garçon était extrême; mais il n'en fit rien paraître, attendit l'heure de la sortie, et, tout ému, prévint alors ses patrons de sa découverte.

Grande fut la surprise et l'affliction de ces derniers; ils avaient une confiance entière en cet employé qui était depuis cinq ans dans la maison. Séance tenante, ils se livrèrent à un contrôle, et en deux heures de travail, à peine, arrivèrent à plus de 2,000 francs de détournements. Le mystère était éclairci. C'est le plus clair de leur bénéfice qui s'en allait de cette façon. Il n'y avait qu'une chose à faire, mettre le caissier infidèle dans les mains de la justice. Mais les parents intervinrent et les patrons si indignement volés furent désintéressés.

Notez qu'il ne tint qu'à un fil que le voleur n'échappât. Si le jeune employé, lorsqu'il s'aperçut de la surcharge, lui avait demandé des explications, il est probable que le caissier s'en serait tiré en alléguant une erreur de plume.

Or, ce jeune homme, semblait-il, aurait dû réclamer tout de suite; c'était le mouvement naturel, et pour ainsi dire instinctif. Pourquoi ne le fit-il pas? « C'est, ajoutait notre ami, que saint Antoine ne l'a pas voulu. En entrant chez nous, il entendait en expulser le voleur. »

*
* *

Voici comment saint Antoine permit, malgré tout, que le commandant X, exerçant un commandement dans l'escadre de la Méditerranée, pût assister, à Brest, à la première communion de sa fille.

De Toulon à Brest, la distance n'est pas telle qu'on ne puisse, en trois jours de congé, la franchir deux fois. C'est ce que comptait bien faire notre excellent commandant. Mais voici qu'à l'improviste, en mars 1896, sur un ordre ministériel, il est envoyé en mission en Orient. Il restait deux mois à courir, c'était plus qu'il n'en fallait encore pour aller et revenir. Toutefois, en voyant surgir cet obstacle inattendu, le commandant estima que c'était le cas de recourir à saint Antoine, avec lequel, d'ailleurs, il est, dit-il, en compte courant. Mais les jours se succédèrent, et les semaines; la mission se prolongeait, et nulle perspective de retour n'apparaissait. Il devint, hélas! bientôt évident pour le commandant que la cérémonie se ferait sans lui et que sa chère enfant, orpheline de sa mère, serait encore privée, ce jour-là, de voir son père à ses côtés.

Quand le moment fixé fut venu, le cuirassé était encore en Orient. Ce fut par la pensée, dans une petite chapelle où il se rendit en pèlerinage, à cette occasion, que le père, fort attristé, s'associa, de son lointain exil, à la joie de son enfant, s'efforçant de se consoler devant Dieu de n'avoir pu l'embrasser sous ses voiles blancs de communiante.

Il se trompait, pourtant, car, par suite d'une circonstance fortuite où il ne manqua pas, plus tard, de voir la main de saint Antoine, sa fille ne faisait pas sa première communion ce jour-là.

Pendant qu'il s'en remettait à notre bon saint, mue par le même désir, sa fille demandait instamment à la Sainte Vierge de ne pas lui refuser la grâce d'avoir son père auprès d'elle dans une circonstance aussi solennelle de sa vie. Et il était advenu que, peu de jours avant la date fixée, elle fut atteinte, inopinément, d'une ophtalmie des plus graves, accompagnée de vives douleurs. La voyant dans l'impossibilité de suivre la retraite préparatoire, la supérieure du couvent décida que la jeune fille ne ferait pas sa première communion.

Dès que cette décision fut prise, l'affection dont la pauvre enfant était atteinte disparut comme par enchantement, à la grande surprise des médecins. Elle était complètement guérie à la veille du grand jour et aurait pu, à la rigueur, y participer, si la supérieure avait voulu revenir sur sa détermination première.

Mais, quelques semaines plus tard, le cuirassé retournait enfin d'Orient et les vœux du père et de la fille se réalisaient merveilleusement, grâce à la Sainte Vierge et à saint Antoine. Peu de jours après son retour, en effet, le commandant X, accouru à Brest, avait la consolation d'assister à la première communion de son enfant qui fut célébrée, pour elle seule, avec la même solennité que celle de ses petites compagnes.

∴

Il y a quelque temps, un jeune sous-officier de la garnison de Toulon venait remercier saint

Antoine dans son oratoire, et voici le trait charmant qu'il conta à l'Intendante :

J'étais invité à une noce. La fête se faisait hier aux Creux-Saint-Georges (1). Malgré mon insistance, je n'avais pu obtenir de mon capitaine que la permission de la journée. La perspective de revenir à Saint-Mandrier par le dernier courrier de la journée, à cinq heures du soir, me gâtait, par avance, le plaisir que je me promettais. Le matin, en traversant le marché, pour me rendre au bateau, je m'arrêtai à causer quelques minutes avec madame I., la maraîchère que vous connaissez bien et avec laquelle mon service me met en rapports suivis. Je ne sais comment je lui fis part de mon ennui.

— Comment, me dit-elle, vous allez retourner cette après-midi?

— Eh! il le faut bien, lui dis-je. Et le service?

— Bah! promettez donc du pain à saint Antoine.

Je me mis à rire et lui répondis :

— Vous vous imaginez que saint Antoine aura le pouvoir de me faire rester au Creux, malgré la consigne?

— Faites-lui toujours votre promesse. Que risquez-vous?

— Ma foi, dis-je, qu'à cela ne tienne.

(1) A Saint-Mandrier, de l'autre côté de la rade de Toulon.

Et je promis en effet du pain à votre saint.

Parmi les invités se trouvait un officier de marine dont je fis la connaissance, qui se montra pour moi des plus bienveillants. Au cours de la conversation, je me pris à dire que le moment de partir approchait pour moi à grands pas.

— Comment, me demanda cet officier, vous allez nous quitter?

— Il le faut bien, mon commandant, je n'ai la permission que pour la journée.

— Mais c'est impossible, mon ami. Quel est votre capitaine?

Je le nomme; l'officier de marine justement le connaissait. Sans perdre une minute, il court au télégraphe et lui demande pour moi, à tout hasard, la permission de la nuit. Il était trois heures de l'après-midi.

Je n'avais, je l'avoue, aucune confiance dans le succès de cette démarche tardive. Il fallait du temps pour que le télégramme qui doit parcourir un long circuit et faire plusieurs étapes, arrivât à destination. En outre le capitaine pouvait être absent, c'était même probable. C'est pourquoi, quand il fut temps de quitter la fête, aucune réponse n'étant venue, je me dirigeais mélancoliquement vers l'embarcadère.

Mais à peine avais-je mis le pied sur le bateau, qu'un planton, qui dévisageait les voyageurs, accourt à moi et me dit : « Ne partez pas, sergent, c'est pour vous qu'on a télégraphié au capitaine; vous avez la permission de la nuit. » Je fus renversé par ce coup de saint Antoine.

Voici, mademoiselle, ce qui s'était passé. Quand le facteur du télégraphe arriva à la porte de mon capitaine, celui-ci sortait. Calculant que la réponse arriverait sûrement après mon départ, il avait donné l'ordre à son ordonnance de prendre immédiatement le bateau de Saint-Mandrier par lequel je devais revenir, et de m'empêcher de m'embarquer.

Je restai donc, et avec quelle joie, vous le devinez sans peine, et à 5 h. 10, l'officier de marine recevait confirmation de ma permission par le télégramme suivant : « Demande accordée. »

Aussi, mademoiselle, non seulement je suis venu accomplir ma promesse à saint Antoine, mais je lui double encore la ration de pain, et de plus, je ne passerai guère devant sa porte sans lui dire un mot et lui donner une petite obole. Ce n'est plus moi, je vous assure, qui mettrai en doute son pouvoir à l'avenir.

* * *

Il y avait près de dix ans qu'une jeune fille de Genève soupirait ardemment après le Carmel. Mais, fille unique, elle rencontrait de la part de ses parents une résistance, que tout semblait indiquer insurmontable. Espérant, cependant, contre tout espoir, et en quête toujours de nouveaux moyens de triompher des obstacles qu'elle entrevoyait, elle n'avait pas tardé à apprendre quel appui, dans ces cas désespérés, on pouvait attendre de saint Antoine. La renommée de l'arrière-boutique était venue jusqu'à elle. Elle savait quel grand désir, jadis, avait eu l'Intendante de devenir carmélite, et comment elle s'était résignée, plus tard, à demeurer dans le monde. Et, en suppliant le saint de venir à son aide, notre jeune fille l'assurait que, quant à elle, elle ne se sentait point la force de renoncer à son rêve. « Non, lui disait-elle, si vous ne m'ouvrez pas les portes du cloître, je ne m'en consolerai jamais. » Et, un jour, elle promit à saint Antoine, s'il voulait bien l'exaucer, d'aller le remercier à l'arrière-boutique, avant de partir pour le couvent.

La promesse qui aurait pu passer pour imprudente, suivant le couvent qui pouvait être choisi par la jeune genevoise, lui parut, au contraire, d'une réalisation on ne peut plus facile, lorsque, sur les renseignements qu'un de ses oncles lui procura, il fut décidé, après beaucoup de luttes et d'hésitations, qu'elle entrerait au Carmel de Monaco.

Aussi, lorsque sa mère, enfin vaincue, se résigna à l'y conduire, la jeune fille lui demanda-t-elle de s'arrêter à Toulon, quelques heures, pour lui permettre d'aller prier saint Antoine dans son oratoire. Mais sa mère, de fort méchante humeur, refusa net de condescendre à ce qui lui parut un caprice. « C'est bien assez, lui dit-elle, de te conduire au couvent. »

Espérant que le saint lui saurait gré, tout de même, de l'intention, la jeune fille, par obéissance, n'insista pas. Le voyage se poursuivit donc sans arrêt, et quelques heures après les portes du monastère se refermaient, pour toujours, sur la future carmélite !

Il y avait près d'un an que ces faits s'étaient passés, lorsqu'un événement fort grave, surtout par ses conséquences, vint troubler la sérénité du couvent. Un beau jour, miné par les pluies, le mur de clôture s'effondra. Il fallait, d'urgence, faire procéder à une réfection coûteuse. Mais où prendre l'argent nécessaire ? Les pauvres carmélites, bien entendu, n'en avaient pas le premier sou.

Devant la désolation de la bonne Mère supérieure, notre jeune religieuse eut comme une inspiration. Après avoir longuement prié, elle vint lui dire : « Ma Mère, pourquoi n'irais-je pas quêter? Je suis, en ce moment, la seule novice du couvent, la seule par conséquent, d'entre nos sœurs, qui n'ait point encore fait ses vœux de clôture. Demandez à Mgr l'évêque qu'il me permette d'aller solliciter, de la charité publique, l'argent qui nous est nécessaire pour relever notre mur ? »

La Mère supérieure hésita quelque temps, puis, ne voyant point d'autre issue, se décida à tenter la démarche. L'évêque de Monaco refusa, comme on pouvait s'y attendre. Mais, après une entrevue avec la jeune sœur, il revint sur sa décision, et consentit à la laisser sortir, pour quêter, tout en déclarant que c'était bien la première et la dernière fois qu'il accorderait une permission semblable.

Et la jeune sœur, sous la garde de son bon ange, se mit en campagne auprès des personnes charitables qui lui furent désignées dans diverses villes, à Marseille notamment. Elle revenait de la grande ville, le lundi 22 mars 1897, et assez satisfaite de sa collecte, lorsque, vers les neuf heures du matin, elle se présenta à l'arrière-boutique et raconta ce que nous venons de résumer :

— Mais, ma sœur, lui dit mademoiselle Boufflier, c'est votre promesse que vous venez accomplir aujourd'hui aux pieds de notre bon saint !

Et la pauvre sœur, subitement frappée par cette réflexion, de répondre d'un ton contristé :

— Ah ! que me dites-vous là, mademoiselle ? Ce serait donc moi qui pourrais être cause de l'effondrement de notre mur de clôture ?

— Non, ma bonne sœur, consolez-vous, reprit

en souriant l'Intendante, il n'arrive jamais que ce que le bon Dieu veut. Mais ceci nous montre combien il est sage de ne jamais promettre que ce que nous sommes sûrs de pouvoir tenir.

Ajouterons-nous que mademoiselle Bouffier avait, nonobstant, quelque hâte que cette carmélite qu'il lui peinait de savoir sur les grands chemins, fût de nouveau à l'abri, derrière le mur de clôture enfin relevé de son monastère?

— Promettez-moi, lui dit-elle, de me faire savoir l'époque où vous devrez prononcer vos vœux, afin que j'aie le plaisir de vous envoyer des dragées.

Il devait s'écouler un an avant ce moment fortuné. La jeune novice ne fit, en effet, profession que le 3 mars de l'année 1898. Elle avait eu soin d'en prévenir, à l'avance, mademoiselle Bouffier qui n'eut garde d'oublier sa promesse.

*
* *

Madame d'U..., habitant dans l'Aude une propriété fort éloignée de tout centre, dans un rayon de plus de cinq lieues, mariait son fils. Sa joie n'était pas complète, car malade, au point de n'être plus sortie de chez elle depuis deux ans, pas même pour aller à la messe, — elle avait obtenu la permission de la faire célébrer dans sa chambre, — elle prévoyait bien qu'il lui serait impossible d'assister à la cérémonie qui devait se faire dans une ville voisine.

Les deux familles en étaient fort affligées et se berçaient pourtant de l'espoir qu'une amélioration dans l'état de sa santé permettrait à madame d'U..., le jour venu, de prendre part à la fête.

Pendant que les jours se succédaient dans cette attente, un peu vague, un parent très proche de madame d'U..., un officier de marine, que nous connaissons bien — c'est de sa bouche que nous tenons ce récit, — désolé de cette absence qui semblait inévitable, et réfléchissant à ce qu'elle aurait d'attristant pour la mère et pour le fils, eut l'inspiration de promettre du pain à saint Antoine, s'il faisait que madame d'U... pût assister au mariage.

Or, voici l'ingénieux détour que prit notre saint pour réaliser le désir d'un des visiteurs les plus assidus de son arrière-boutique.

La veille du mariage, on s'aperçut tout à coup qu'il manquait, pour les formalités légales, une pièce essentielle à laquelle personne, comme par un fait exprès, n'avait jusqu'alors pensé, c'est-à-dire le consentement notarié, sur papier timbré, de la mère, à défaut de sa présence.

Il ne fallait pas songer à renvoyer la noce et à prévenir les invités dont plusieurs arrivaient de fort loin. D'autre part le temps manquait absolument pour demander, même par dépêche, cette pièce indispensable, la faire dresser et la recevoir dans les délais.

Que résoudre dans une situation si critique? On prend le parti de télégraphier à madame d'U... pour lui expliquer le cas et la supplier de faire l'impossible pour venir elle-même à la noce.

Lorsque l'exprès, mandé d'un bureau de poste assez éloigné, arriva, madame d'U... n'avait plus que tout juste le temps de se jeter dans une voiture et de gagner la gare la plus proche, pour l'heure du train, soit deux heures de voiture et quatre heures de chemin de fer pour atteindre la ville de Béziers où les fiancés attendaient dans l'anxiété qu'on devine. C'est à quoi, après une lutte intérieure aussi rapide que poignante, se résigna madame d'U... qui, pour ne pas manquer le train, dut partir comme elle était, dans la toilette d'intérieur où le télégramme de son fils l'avait surprise.

Ce fut ainsi qu'elle assista au mariage, mais à l'écart, dans une chapelle latérale, pendant que la foule des invités emplissait la nef de l'Eglise. Elle n'avait pas osé, dans un costume qui était si peu de circonstance, se placer au premier rang des assistants.

*
* *

Mais ce sont surtout les bons tours que saint

Antoine joue à son Intendante, les traits empreints d'une familiarité touchante par lesquels il condescend, parfois, aux désirs de son hôtesse, que nos lecteurs voudraient peut-être connaître. Nous en avons déjà cité plusieurs au cours de notre récit ; on a vu comment, par exemple, il s'y prend pour équilibrer les recettes. Mais c'est à chaque instant du jour et pour des faveurs souvent bien minimes que sa bonté est mise à l'épreuve, et bien rarement en vain.

L'Intendante nous fit un jour le récit suivant :

« — Ce matin, chez les Pères, pendant la messe, j'ai eu un moment de vive distraction. Je ne sais comment mes yeux se portèrent sur le frère servant, et je fus frappée de l'aspect minable de son costume. Avait-il assez mauvais air, le pauvre frère, sous sa redingote fatiguée ! Et je me mis à penser : « Si seulement, bon saint Antoine, vous pouviez suggérer à M. I... de me donner, comme il le fait quelquefois, un de ses vêtements de rebut. Cela ferait bien mon affaire. »

— Vous savez, ajouta-t-elle, en s'interrompant, M. I... notre voisin ; il grossit beaucoup en ce moment, et ce sont des vêtements quasi neufs qu'il m'abandonne, pour nos vieillards. Et elle me nomma un entrepreneur, excellent chrétien, et grand ami du R. P. Marie Antoine !

« Là-dessus, reprit-elle, j'ai quitté la chapelle, ne pensant plus du tout à ma distraction et à ma demande à saint Antoine. Mais je n'étais pas chez moi depuis plus d'une demi-heure que je vois entrer M. I... dans le magasin ; il tenait un paquet à la main. Il le déplie et me présente une redingote, mais une redingote superbe, toute neuve ! Et, avec cette simplicité que vous lui connaissez, il me dit : — Mademoiselle, est-ce que vous voudriez ça ?

— Si je veux ça, je crois bien, lui dis-je en sautant de joie. Mais c'est saint Antoine qui vous envoie ce matin. Et je lui racontai ma distraction pendant la messe. »

***

C'est, chaque année, l'habitude de mademoiselle Bouffier, aux approches des fêtes de la Noël, d'ajouter, au pain qu'elle distribue à ses petits orphelins, une caissette de friandises (nougat, chocolat, sucre, café). Et chaque année le saint, sur lequel elle se repose du soin de payer cette dépense extraordinaire, justifie l'admirable confiance de son Intendante, en lui envoyant à point nommé des ressources inattendues.

Cette année, la dépense s'était élevée à 1,650 francs, et voici comment elle a été couverte par saint Antoine.

Le 20 décembre, à trois heures de l'après-midi,

une dame de Toulon, ne parvenant pas à faire glisser dans le tronc le petit paquet qu'elle tenait à la main, le remit à l'Intendante en lui disant :

— Voilà, mademoiselle ; c'est pour deux guérisons. Vous pouvez le mettre dans les *Annales*.

Le petit paquet se composait de billets de banque ; il y en avait pour *quatre cent cinquante francs !*

— Merci, bon saint, s'écria spontanément mademoiselle Bouffier, vous ne me devez plus que *douze cents francs.*

Puis se tournant vers la dame, elle ajouta :

— C'est pour payer les gâteries de la Noël à nos petits orphelins.

La dame, un peu étonnée, crut devoir objecter :

— Mais ne serait-il pas mieux de donner simplement du pain à un plus grand nombre de pauvres ?

— Oh ! madame, reprit l'Intendante d'un air attristé, un jour de Noël, quand c'est fête dans toutes les familles ! Aurions-nous le cœur de refuser un petit régal à de pauvres enfants déshérités ! Quoi de plus gracieux que de les associer ainsi à la joie universelle ! Saint Antoine, d'ailleurs, ne m'en sait pas mauvais gré. Voilà, grâce à vous, une partie de la dépense payée.

La dame, touchée de ces sentiments et de l'accent attendri de l'Intendante, répondit en s'excusant :

— En effet, vous avez raison, mademoiselle, je n'avais pas réfléchi à cela.

Le 24 au matin, le facteur apportait à la rue Lafayette une lettre, simplement affranchie, plus éloquente, dans sa simplicité, que les récits les plus circonstanciés et les plus émouvants. Elle arrivait de Lisbonne (Portugal), la patrie de saint Antoine. Sur l'enveloppe on lisait : *Mademoiselle Bouffier, mercerie de saint Antoine, cours Lafayette, Toulon* (*Var*). Elle contenait, un vulgaire fragment de papier blanc quadrillé sur lequel était écrit ce seul mot : *Anonyme*, et dans ce papier, un billet de banque de *mille francs !* Déjà du même lieu, dans les mêmes conditions d'absolue confiance en la Providence, était parvenu le 5 décembre un billet de banque de *cinq cents francs*.

— Oh ! merci, mon bon saint, s'écria mademoiselle Bouffier en se tournant vers l'oratoire, merci pour nos chers petits. Vous ne me devez plus que 200 francs !

C'est un officier de marine qui, dans l'après-midi du même jour, venait les remettre.

— Voilà, dit-il, c'est pour payer une petite grâce ! Et il déposa 200 francs dans les mains de mademoiselle Bouffier.

— Pour une petite grâce ! dit-elle. Mais que serait-ce alors pour une grande ?

Puis, battant des mains :

— Mais, me voilà remboursée de toutes mes dépenses !

Et, toute souriante, elle conta à l'officier ravi comment saint Antoine fait honneur à ses échéances.

*
* *

Ce n'est sans doute pas dans ce chapitre qu'il faudrait ranger les petites leçons que saint Antoine inflige assez ordinairement à ses obligés oublieux, négligents ou infidèles : à ceux qui, lui ayant promis quelque aumône, se dispensent imprudemment d'acquitter leurs dettes. On sait qu'il n'aime pas les mauvais payeurs. Il n'y a rien à quoi il paraisse tenir davantage qu'à la fidélité dans l'exécution des promesses. La correspondance en fournirait cent preuves pour une.

Une bonne femme écrit du Havre :

Mademoiselle,

J'avais promis de vous envoyer 5 francs pour le Pain des Pauvres, si saint Antoine nous faisait trouver une bonne place à mon mari et à moi. Eh bien, nous en avons trouvé une et j'avais promis d'envoyer mon offrande dès le lendemain. Et je ne l'ai pas fait. Et mon mari n'a plus de place depuis deux jours. Je suis sûre que c'est parce que je n'ai pas accompli ma promesse, aussi je me hâte de vous envoyer un mandat de 5 francs. Nous nous recommandons bien à vos prières...

Marseille, le 6 août 95.

Je viens m'acquitter envers saint Antoine, entre vos mains, d'une vieille dette et voici pourquoi : j'avais promis, il y a deux ans, au bien-aimé saint, une somme de 50 francs, pour obtenir une grâce temporelle. Je n'avais mis aucune condition à ma demande ; elle n'a été exaucée qu'en partie. J'avais cru, dès lors, pouvoir diminuer de moitié la somme promise ; mais je vois que notre bon saint, tout en m'exauçant bien souvent, *ne le fait jamais d'une façon complète ;* en un mot sa protection se fait sentir, mais avec des réticences, et je pense que cela vient de celles que j'ai mises moi-même dans l'accomplissement de ma promesse. Aussi, chère mademoiselle, je viens aujourd'hui m'acquitter auprès de vous, puisque c'est à saint Antoine de Toulon que la somme a été promise, et j'éprouve une grande joie intérieure à vous faire l'aveu de ma faute à vous, la confidente et l'Intendante du bon saint.

C'est un honnête ouvrier sabotier de Pamiers (Ariège) qui, le 16 janvier dernier, contait en ces termes sa cruelle mésaventure :

J'avais promis cinq francs au bon saint Antoine, s'il m'accordait la grâce que ma fille revînt à de meilleurs sentiments. Voilà que j'étais exaucé ; seulement je ne suis qu'un ouvrier, ça me gênait de tenir ma promesse de suite. Je me disais : « Tu feras cela plus tard. » Mais je comprends que saint Antoine n'est pas content de cette combinaison, puisque ma fille a quitté la maison paternelle pour partir avec de mauvaises compagnes. Je demande pardon à ce bon saint et vous prie de mettre ma lettre à ses pieds. J'envoie les cinq francs promis ; c'est le véritable moyen de me faire pardonner.

*
* *

En janvier dernier, une jeune personne de X... (Doubs), écrivait à l'arrière-boutique, promettant 100 francs et l'insertion de la grâce dans les *Annales*, si saint Antoine lui obtenait la faveur d'épouser celui qu'elle désirait. Huit mois après, c'est-à-dire dans le courant du mois d'août, la grâce était obtenue, et le mariage accompli.

Mais, comme il arrive quelquefois, la jeune femme négligea d'acquitter sa dette envers saint Antoine, remettant à le faire un peu plus tard. Calcul dangereux.

Elle jouissait, insouciante, de son bonheur, quand tout à coup le ciel jusqu'alors serein du nouveau ménage, s'assombrit, et un orage effroyable se déchaîna sur lui, menaçant de tout renverser. A la suite d'une vive discussion avec son beau-père, qui l'avait intéressé dans son industrie, le mari, un beau matin, déclare que l'existence en commun est décidément impossible, que c'est fini, et qu'il lui faut quitter la maison pour toujours, et partir.

Désespérée de cette détermination invraisemblable, et qui lui parut grosse, pour l'avenir, des plus désastreuses conséquences, la jeune femme se tourna immédiatement vers saint Antoine, confessant humblement sa négligence et prenant l'engagement, s'il voulait bien intervenir de nouveau, d'envoyer sans tarder les 100 francs promis et de faire connaître cette nouvelle faveur.

Peu de jours après, en effet, elle adressait à l'Intendante un billet de banque de 100 francs, en lui racontant les faits que nous venons de résumer : « Aujourd'hui, ajoutait-elle, tout va bien ; c'est pour ainsi dire un miracle ! Saint Antoine m'a pleinement exaucée et je l'en remercie du fond du cœur. »

⁂

Voici le fait qu'un correspondant assidu de l'arrière-boutique, pharmacien dans une petite ville de la Savoie, écrivait à la date du 14 avril :

« Il y a un an environ, un père de famille qui n'avait pu jusque-là conserver un seul enfant, m'apporte une ordonnance pour celui qui lui restait. Agé de dix-huit mois environ, l'enfant était atteint d'une fluxion double de poitrine. Le médecin n'avait laissé aucun espoir. Le père était navré. Devant ce chagrin immense et ce cas désespéré, je conseillai au père de recourir à saint Antoine. Une somme fut promise et l'enfant sauvé. En me remettant la somme pour vous l'envoyer, le père, me dit : Ma femme a aussi promis quelque chose, attendez un jour ou deux pour ne faire qu'un envoi. Trois jours après il m'apportait un supplément de 0 fr. 25 centimes. Cette somme me parut bien minime pour la grâce demandée, mais connaissant suffisamment les bontés de saint Antoine pour savoir que la somme promise n'est rien, je vous adressai le tout. Cependant je conservais un doute sur le montant de la somme réellement promise par la mère. Je viens de vous dire que l'enfant était sauvé, mais les progrès de la convalescence restaient insensibles. Un jour que je causais avec le père de l'état de son enfant et des miracles de saint Antoine, je me mis à lui parler, incidemment, des exemple de retraits de grâces aux personnes lentes à s'acquitter envers notre bon saint, et je me risquais à lui demander s'il avait bien tenu sa promesse. Sa réponse fut *à peu près* affirmative ; mais quelques jours plus tard une tierce personne, de la part de la mère, vint m'apporter 1 fr. 50. Dès ce jour le mieux s'est accentué et depuis l'enfant est complètement rétabli !!

*
* *

Le trait suivant est peut-être encore plus caractéristique. On écrit du Mans :

Mademoiselle,

Ma femme était très malade depuis trois mois quand j'eus l'idée de demander sa guérison à saint Antoine, lui promettant 100 francs de pain. Notre neuvaine prit fin le mercredi des Cendres.

Ma femme se leva ce jour-là en très bonne santé et put faire une marche de deux heures, ce qui ne lui était pas arrivé depuis longtemps. Elle n'éprouvait aucune fatigue. Très heureux et surpris, mais ne sachant si je devais attribuer ce résultat à l'intervention de saint Antoine, je déclarai que je m'acquitterais de ma dette, si le mieux se maintenait pendant huit jours.

Dès le jeudi soir ma femme fut plus souffrante et, depuis, son état est retombé absolument ce qu'il était avant le mercredi des Cendres.

J'ai pensé qu'il fallait y voir une punition de saint Antoine à cause de mon manque de foi et pour ne lui avoir pas attribué le mérite du mieux subit et inexpliqué.

Le remords s'empara de moi très vivement hier soir en voyant ma femme plus mal, et je me résolus intérieurement d'envoyer aujourd'hui les 100 francs à saint Antoine, espérant par là qu'il me pardonnerait ma défaillance et rendrait la santé à ma chère malade.

Quelle joie en la voyant, elle si malade hier, en très bon état ce matin! Aussi est-ce plein de reconnaissance pour le grand et bon saint que je vous envoie les 100 francs promis.

*
* *

En octobre dernier, un journaliste toulonnais perdait son chat. J'entends à ce mot le lecteur s'écrier : « Quoi! faire intervenir saint Antoine pour un chat! Y pensez-vous? » Patience! Veuillez me suivre jusqu'au bout, et peut-être vous étonnerez-vous moins, après m'avoir lu, du rôle, d'ailleurs effacé, donné ici à cet animal domestique.

Donc, un beau matin, le chat de M. X. disparut. Il y tenait, comme de juste. Il y avait deux jours qu'il n'en avait plus de nouvelles, lorsqu'il s'avisa de songer à saint Antoine. Notez que M. X. n'est rien moins qu'un croyant. Il connaissait, pourtant, l'arrière-boutique, de réputation, par des amis, et, s'il faut tout dire, ne se gênait pas, à l'occasion, pour en rire. Mais le désir de revoir son chat, fut plus fort que le scepticisme, et il se laissa aller à formuler la promesse de certaine somme, si saint Antoine lui ramenait l'évadé.

Le lendemain, un beau dimanche, à six heures du matin, en mettant le pied dans la rue, M. X...

trouvait Minet qui, philosophiquement, attendait qu'on ouvrît la porte.

Cette « coïncidence » causa à notre incrédule une grande joie, à cause du chat, mêlée d'une certaine stupéfaction, à cause de saint Antoine. Serait-ce pourtant vrai, se disait-il, qu'on obtient de Lui ce qu'on veut, en sachant y mettre le prix? Mais il se reprit, en bon mécréant qu'il était, et, ayant au surplus négligé totalement d'acquitter sa dette, il finit par se dire : Ne soyons pas dupe, au fond tout ça c'est de la blague!

Le dimanche suivant notre journaliste, à bicyclette, pédalait, sans penser à mal, sur la route d'Hyères. A un tournant brusque de la route une charrette l'accroche. Heurté violemment par le timon dans le côté gauche de la poitrine, il est désarçonné, renversé, et traîné pendant l'espace de cent cinquante mètres environ. En se relevant, en assez piteux état, le souvenir de sa promesse à saint Antoine lui revint involontairement à l'esprit. Si pourtant, se mit-il à penser, c'était une punition de saint Antoine?... Mais la chute n'ayant pas eu toutes les conséquences fâcheuses qu'il avait pu redouter sur le premier moment, il se mit à rire *in petto* de sa crédulité, et, de nouveau, conclut son monologue par ces mots : Bah! c'est de la blague!

Huit jours après, toujours un dimanche, M. X.

est subitement pris de douleurs violentes dans la poitrine, à l'endroit où le timon de la charrette l'avait frappé. Une fièvre ardente se déclare, et il est obligé de garder le lit. C'en était trop! Dès le lendemain lundi, malgré des douleurs intolérables et qui l'empêchaient presque de respirer, il sort de son lit, s'habille en hâte et court déposer l'offrande promise dans le tronc de l'arrière-boutique.

A peine a-t-il accompli cet acte, et a-t-il franchi le seuil du magasin, que la fièvre disparaît, la douleur s'évanouit, et il a conscience qu'il est entièrement rétabli.

La leçon était aussi concluante que possible, et elle le força, quoiqu'il en eut, à confesser que saint Antoine était tout de même un rude saint.

On s'amusa beaucoup, parmi ses proches, de cette aventure dont il eut la loyauté de convenir, et un avocat de ses amis, rien moins que croyant lui aussi, ne put s'empêcher de lui dire : « Ceci prouve, mon cher ami, qu'il faut toujours payer ses dettes, même avec le ciel. »

CHAPITRE ONZIÈME

LE SACRIFICE

Voici un aspect nouveau de l'œuvre.

Nous l'avons fait voir réveillant la foi, renouvelant l'esprit de prière, réapprenant la pratique de l'aumône si négligée et si méconnue à notre époque de cupidité et d'égoïsme.

Ce n'était qu'un acheminement vers une entreprise d'une portée morale plus haute.

A peine, dans notre premier récit, avons-nous pu indiquer le but vers lequel tendait saint Antoine. Le grand arbre n'avait pas encore porté tous ses fruits, et ceux qui lui restaient à produire n'étaient ni les moins savoureux, ni les moins exquis.

Que vont dire les esprits timorés et méfiants qui redoutaient que la préoccupation trop exclusive des intérêts matériels ne fît oublier les besoins de l'âme, les seuls vrais, les seuls impérieux. L'âme s'étiole et meurt, à mesure qu'on fait la part du corps trop large; elle puise, en revanche comme une vigueur nouvelle dans ce qu'on refuse aux sens, et se retrempe dans la souffrance.

Ce que saint Antoine est venu nous enseigner, c'est le prix du sacrifice. Voilà la monnaie, autrement précieuse que l'argent et l'or, dont il faut payer les faveurs du ciel. Mais les chrétiens affadis de notre temps en ont complètement négligé l'usage et perdu même la notion.

*
* *

C'est un fait que saint Antoine n'exauce pas toujours ses clients.

Aux yeux de certains qui s'en plaignent avec tristesse, sinon avec amertume, son crédit semble parfois subir des éclipses. Peut-être s'en affligeraient-ils moins, s'ils voulaient méditer la raison profonde que saint Augustin nous donne de l'inefficacité accidentelle de la prière :

« Si Dieu, dit-il, par une libéralité visible,
» n'accordait quelquefois des faveurs tempo-
» relles à la prière, nous dirions que cela n'est
» pas à sa disposition; s'il les accordait toujours,
» nous croirions qu'il ne faut le servir que pour
» être ainsi récompensés, et un tel culte ne serait

» point une école de piété, mais d'avarice et d'in-
» térêt. (1) »

Ah ! l'intérêt, c'est le secret mobile de beaucoup de suppliques, de celles dont l'insuccès est peut-être le plus amèrement ressenti. A combien de dévots du bon saint pourraient trop justement s'appliquer les fortes paroles par lesquelles Bossuet gourmandait la dévotion mercenaire des chrétiens mondains de son temps :

« Vous venez à Dieu, leur disait-il, pleins de
» vos pensées, non pour entrer humblement dans
» l'ordre de ses conseils, mais pour le faire entrer
» dans vos sentiments. Vous prétendez que lui et
» ses saints épousent vos intérêts, sollicitent
» pour ainsi dire vos affaires, favorisent votre
» ambition. Dans l'espérance de ce secours, vous
» lui promettez de le bien servir, et vous voulez
» qu'il vous achète à ce prix, comme si vous lui
» étiez nécessaire. C'est méconnaître votre sou-
» verain, et traiter avec lui d'égal à égal. Car
» encore que vous ajoutiez : « Votre volonté soit
» faite », si vous consultez votre cœur, vous
» demeurerez convaincu que vous regardez ces
» paroles, non comme la règle de vos senti-
» ments, mais comme la forme de la requête ;
» et permettez-moi de le dire ainsi, vous mettez
» à la fin de la prière : « Votre volonté », comme
» à la fin d'une lettre : « Votre serviteur ».

(1) *La Cité de Dieu*, livre I, chap. VIII.

» Vous vous êtes échauffé dans la prière, à force
» de recommander à Dieu vos intérêts ; et si les
» choses succèdent contre vos désirs, ne vous
» voit-on pas revenir non avec ces plaintes res-
» pectueuses qu'une douleur soumise répand
» devant Dieu pour les faire mourir à ses pieds,
» mais avec de secrets murmures et avec un dé-
» goût qui tient du dédain ? Chrétiens, vous vous
» oubliez. Ce Dieu que vous priez n'est plus
» qu'une idole dont vous prétendez faire ce que
» vous voulez, et non le Dieu véritable qui doit
» faire de vous ce qu'il veut (1). »

*
* *

Saint Antoine aurait certainement beaucoup de pain pour les pauvres, s'il faisait, par exemple, gagner le gros lot à tous ceux qui le lui demandent ; mais cela ne le tente guère. Il n'est pas rare, à l'époque de certains tirages, de recevoir à l'arrière-boutique le titre même dont tel client attend la fortune, avec prière de le placer tout près de la statue du saint. « — Ces braves gens se trompent, dit l'Intendante ; notre saint n'est venu apporter la fortune à personne. » Et il ne faudrait pas pousser beaucoup mademoiselle Bouffier pour lui faire avouer qu'à son avis, c'est peut-être en n'exauçant pas ces clients spé-

(1) BOSSUET. *Sermon sur le culte dû à Dieu*. Edit. Lebarq, t. V, 112.

ciaux, qu'il leur accorde une grâce, et de meilleur aloi que celle qu'ils lui demandaient.

Mais de combien d'autres déconvenues ne lui fait-on pas la confidence !

Mademoiselle, lui écrit-on, votre saint me boude ; je lui ai promis du pain, et il ne m'exauce pas. Il sait pourtant combien la grâce que j'attends de lui m'est nécessaire. Comment faire pour en être entendue ? Vous qui êtes dans son secret, indiquez-moi donc, je vous prie, le moyen de le toucher.

— Le moyen, répond-elle, mais il est facile et à la portée de tout le monde : c'est le sacrifice, le renoncement, une mortification volontaire ! que sais-je ? quelque chose qui coûte plus à la nature qu'une aumône dont le prix, aux yeux de Dieu, n'est pas toujours en raison de son importance.

Il y a quelques mois, une jeune dame fort élégante venait à l'arrière-boutique. Après une courte prière aux pieds du saint : « Mademoiselle, dit-elle, je demandais une grande grâce à saint Antoine ; je voulais bien lui promettre de l'argent, mais ce n'était pas pour moi un sacrifice, car je suis riche. Il m'avait semblé qu'en m'engageant à lui donner, pour ses pauvres, un objet auquel je serais attachée, je serais peut-être plus sûrement entendue. Votre bon saint m'a exaucée. Je lui avais promis mon bracelet ;

j'y tenais beaucoup, non pas tant pour sa valeur, quoiqu'il ait coûté 500 francs, que parce qu'il me plaisait beaucoup et que je l'ai porté longtemps. Le voici. »

Et, toute joyeuse, elle déposa dans les mains de mademoiselle Bouffier un écrin de peluche bleu pâle contenant un bracelet en or massif très artistement ciselé, une petite merveille de richesse et de bon goût.

Et en quittant l'oratoire, la jeune femme ajouta en souriant : « Je demande encore autre chose à saint Antoine. S'il m'exauce, je lui donnerai ma bague en brillants. »

Les sacrifices de ce genre sont fréquents à l'arrière-boutique. Peu de jours après, la poste apportait une boîte contenant une superbe montre en or avec sa chaîne, et une magnifique bague d'homme ornée d'un camée. C'était l'accomplissement d'une promesse.

*
* *

Mais ce n'est pas encore de ces sacrifices qu'il s'agit.

C'est à la Pénitence, pour l'appeler de son vrai nom, que l'Intendante convie, sans hésitation, ses correspondants en quête du meilleur moyen d'attendrir saint Antoine et de s'en faire écouter. Et elle est bien loin de se douter qu'en suggérant à ses amis la pensée de joindre à l'aumône le sacrifice personnel, elle paraphrase cette parole de Salvien : « Dieu ne se laisse pas gagner par de l'argent, mais par la réformation des mœurs. »

La conversion du cœur, le voilà, le sûr, l'infaillible secret de rendre les prières toutes-puissantes ; car il y a un ordre à observer dans nos demandes, et, faute de s'en souvenir, les dévots du saint s'exposent parfois à de pénibles déconvenues.

C'est ce que Bossuet rappelait dans le sermon dont nous venons de citer un passage. Le suivant semble avoir été écrit tout exprès pour certains clients de saint Antoine. On y pourra voir, peut-être, que « les croyants si fermes qu'évangélisaient Bourdaloue et Bossuet » ressemblaient, somme toute, à ceux d'à présent.

« Si nous faisions, dit Bossuet, le dénombrement des vœux que l'on apporte aux temples » sacrés, ô Dieu ! tout est judaïque ; et de cent » hommes qui prient, à peine trouverons-nous » un seul chrétien qui s'avise de faire des vœux » et de demander des prières pour obtenir sa » conversion. Démentez-moi, chrétiens, si je ne » dis pas la vérité. Ces affaires importantes qu'on » recommande de tous les côtés dans les sacristies sont toutes affaires du monde ; et plût à » Dieu du moins qu'elles fussent justes, et que » si nous ne craignons pas de rendre Dieu mi-

» nistre de nos intérêts, nous appréhendions du
» moins de le faire complice de nos crimes!
» Nous voyons régner en nous sans inquiétude
» des passions qui nous tuent, sans jamais prier
» Dieu qu'il nous en délivre. S'il nous arrive
» quelque maladie ou quelque affaire fâcheuse,
» *c'est alors que nous commençons à faire des*
» *neuvaines à tous les autels* et à fatiguer vérita-
» blement le ciel par nos vœux. Car qu'est-ce qui
» le fatigue davantage que des vœux et des dévo-
» tions si intéressés? Alors on commence à se
» souvenir qu'il y a des malheureux dans les
» prisons, *et des pauvres qui meurent de faim* et
» de maladie dans quelque coin ténébreux. Alors,
» charitables par intérêt et pitoyables par force,
» *nous donnons peu à Dieu pour avoir beaucoup;*
» et très contents de notre zèle, qui n'est qu'un
» empressement pour nos intérêts, nous croyons
» que Dieu nous doit tout, *jusqu'à des miracles*,
» pour satisfaire nos désirs et notre amour-
» propre » (1).

∴

Ce qui est touchant, c'est l'empressement et l'allégresse avec lesquels les suppliants du bon

(1) Bossuet. *Sermon sur le culte dû à Dieu*. Edition Lebarq, t. V, p. 118.

saint répondent aux avances discrètes de l'Intendante sur ce chapitre délicat.

C'est un jeune homme qui promet de ne plus fumer d'un an, s'il est exaucé ; un vieillard de 66 ans qui prend la même résolution, et « s'engage irrévocablement à ce sacrifice, s'il obtient la guérison de sa fille », destinant aux pauvres l'argent qu'il économisera de ce chef.

D'une ville du département de Vaucluse, une jeune femme abandonnée de son mari écrit :

Oh ! oui, je veux offrir un sacrifice à saint Antoine, et pour savoir celui que je pourrai lui offrir, j'ai bien cherché et j'ai vu que rien ne me serait plus pénible que de quitter mon lit de bon matin, car j'ai toujours eu l'habitude de me lever très tard. Eh bien, c'est avec bonheur que je m'impose celui-là, s'il peut lui être agréable.

Mais, écoutez l'heureuse inspiration d'une jeune femme qui mériterait bien de trouver de nombreuses imitatrices. Elle priait beaucoup saint Antoine et n'en obtenait absolument rien. Invitée par mademoiselle Bouffier à ajouter à son offrande quelque mortification personnelle, elle eut l'idée de promettre au saint de ne plus lire *de romans*, s'il l'exauçait. Elle le fut tout de suite.

Il faut convenir que la voie dans laquelle l'Intendante lançait ainsi les correspondants de l'arrière-boutique, pour n'être pas nouvelle, certes, n'en était pas pour cela plus fréquentée. Et où n'était-elle pas capable de conduire, à leur insu, ceux qui auraient le courage de s'y engager ?

Le fait est que l'idée prit presque aussi vite que la primitive promesse de pain blanc, quoiqu'elle fût d'une application moins facile. Il sembla même s'y mêler un peu d'enthousiasme, comme s'il se fût agi de quelque chose d'absolument inédit et dont personne encore n'eût entendu parler.

Une vaillante jeune fille d'Ypres (Belgique) écrivait, à la date du 17 décembre 1895 : « Oh ! si saint Antoine me donnait de comprendre qu'il y a plus de bonheur à souffrir qu'à jouir ! »

D'une petite ville des Hautes-Pyrénées, le 2 décembre même année, on écrivait :

Vous avez bien voulu nous signaler un *nouveau moyen* d'obtenir des grâces de saint Antoine par quelques petits sacrifices, et votre lettre m'est arrivée comme un charmant bouquet le jour même de ma fête.

Une personne affligée d'une maladie dont toutes les promesses de pain n'obtenaient pas le soulagement répondait :

Vous me dites de considérer l'épreuve que je

subis comme une grâce du bon Dieu, car il sait mieux que nous ce qui peut être utile à notre âme et qu'il n'attend peut-être qu'un acte de résignation pour la faire cesser. Je sens que vous avez trop raison. Mais comme cela répugne à notre pauvre nature !

D'une petite ville du gouvernement de Podolie (Russie), une dame écrit le 20 octobre 1895 :

Vous avez bien voulu m'adresser quelques lignes d'une grande valeur sur le prix du sacrifice et de l'immolation comme moyen de nous assurer le succès de nos demandes. Je comprends parfaitement votre langage, mais malheureusement je suis bien loin de le mettre en pratique.

Une autre, après une petite confidence, ajoute :

Je voudrais que vous demandiez au bon saint la grâce de *vouloir pouvoir*. J'ai peur d'obtenir cette grâce. Demandez-la-lui. Peut-être le bon saint me convertira-t-il malgré moi.

*
* *

Ce mouvement vers les voies trop délaissées de la pénitence prit un caractère si prononcé et si général que mademoiselle Bouffier, pour simplifier la correspondance, à ce point de vue, se décida, au commencement de décembre 1896, à faire imprimer une petite feuille dans laquelle seraient résumées, d'une manière très simple, les idées quelle s'appliquait à mettre en circulation au moyen de son énorme correspondance de vingt-deux mille lettres par an !

Voici le texte de ce petit tract :

RÉPONSE

à ceux qui se plaignent de n'être pas exaucés par saint Antoine.

« Êtes-vous de ceux que le bon saint n'écoute pas, qui s'attristent de ses lenteurs et lui disent : « Nous vous avons promis du pain pour vos pauvres, nous vous prions avec ferveur et avec confiance; pourquoi, bon saint Antoine, ne nous exaucez-vous pas ? »

» Si vous êtes de ces âmes délaissées, ou qui se croient telles, rassurez-vous : il se peut que saint Antoine ne paraisse vous oublier que parce qu'il attend de vous quelque chose de plus et de mieux que l'aumône matérielle.

» Depuis que vous mettez à l'épreuve sa bonté, il serait étrange que vous n'ayez pas compris le but qu'il s'est proposé en créant la chère petite œuvre.

» Ne croyez pas qu'il ait uniquement voulu

procurer du pain aux pauvres. L'aumône, pour lui, était surtout un moyen.

» Avez-vous remarqué avec quelle facilité il exauce ceux qui sembleraient, parfois, les moins dignes de son attention ?

» Il veut ouvrir ainsi les yeux aux incrédules par une première faveur, leur montrer que le Ciel n'est pas vide, comme ils le disent, et préparer, pour plus tard, leur retour à Dieu.

» Si l'impie n'était pas écouté tout de suite, il ne persévérerait pas. Il invoque notre saint comme par surprise et c'est par surprise aussi qu'il en est exaucé, afin que cette faveur inopinée le touche d'autant plus et le fasse rentrer en lui-même.

» Ne doutez pas que ce ne soit aussi dans des vues miséricordieuses, et pour procurer, avant tout, la gloire de Dieu, que saint Antoine reste quelquefois sourd à vos plaintes.

» Ce qui importe le plus à notre époque de sensualisme et de lâcheté, ce ne sont pas tant des cœurs intéressés qui croient aux saints et les invoquent, que des âmes généreuses qui les imitent.

» Si vos promesses de pain ne vous réussissent

plus comme auparavant, c'est que saint Antoine, par ses retards, souhaite que vous deveniez une de ces âmes, et qu'à l'aumône vous ajoutiez le sacrifice.

» Donner de l'or, pour beaucoup de clients du bon saint, est souvent ce qui coûte le moins. Mais donner un peu de soi-même, voilà qui est plus rare, d'un autre prix, et qui réussit merveilleusement.

» Mais, me direz-vous, qu'appelez-vous sacrifice?

» Ah! les clients du bon saint qui, déjà, ont expérimenté ce moyen presque infaillible, pourraient vous dire qu'il n'y a rien qui s'offre plus fréquemment, au cours de nos journées, que les occasions d'accomplir des actes de renoncement, de détachement, de pénitence, de mortifications. C'est cela le sacrifice.

» Promettre à saint Antoine un lever plus matinal, la privation d'un plaisir, moins de recherche dans la nourriture, un quart d'heure de méditation chaque matin. Cela vous semble peu de chose? Essayez-en.

» Désespérée de l'insuccès de ses prières, une jeune femme eut l'idée de s'engager avec notre saint à ne plus lire de romans: elle fut exaucée tout de suite. Un jeune homme promit de ne plus fumer, un vieillard de supprimer la tabatière.

» Que n'obtiendrez-vous pas en cherchant les occasions de vous humilier, de captiver votre volonté, de réprimer votre impatience ou votre humeur; en vous efforçant par de la condescendance, de la douceur, l'oubli des offenses, de maintenir la paix et l'union autour de vous; en vous réconciliant avec vos ennemis?

» S'abstenir de la raillerie, de la médisance, supprimer les visites inutiles, fuir les spectacles dangereux, modérer les excès du luxe dans la toilette, dans les ameublements, voilà encore des sacrifices possibles..... et combien d'autres, que nous ne pouvons énumérer!

» Quel progrès ne ferez-vous pas dans cette voie si, toutes les fois que vous avez obtenu une faveur de saint Antoine, vous vous souvenez qu'il ne s'est proposé d'autre but que de vous gagner toujours davantage à Dieu!

» Ah! ne vous croyez pas quitte envers lui lorsque vous aurez donné le pain qui vous assure la prière toute-puissante du pauvre. Il vous reste encore à devenir meilleur, plus pieux, plus mortifié, et, à ses yeux, c'est l'essentiel.

» Vous seriez un ingrat si vous négligiez de le faire, vous ne comprendriez rien aux desseins de Dieu sur vous et à ses bontés, et vous mériteriez de n'être plus écouté par saint Antoine.

» Vous vous êtes servi avec succès du premier moyen qu'il vous offrait, osez employer généreusement le second, et vous aurez retrouvé le secret de le toucher encore et de vous assurer sa protection. »

(Arrière-boutique de saint Antoine, Toulon.)

*
* *

Cette petite réponse aux inquiétudes des clients du bon saint fut insérée dans le numéro des *Annales* de janvier 1897, à la première page, et son succès fut aussi considérable qu'inattendu.

Le 8 janvier une dame de Toulon, jeune encore et très élégante, au moment de se retirer, vint dire en confidence à mademoiselle Bouffier :

— « Ah ! mademoiselle ! le premier article des *Annales* de ce mois-ci !... j'ai déjà commencé à le mettre en pratique. De tout temps, le matin, à sept heures sonnantes, on m'apportait mon déjeuner au lit. Maintenant, à sept heures je me lève courageusement, je l'ai promis. C'est un très grand sacrifice que je me suis imposé. C'est toujours plus nouveau et plus dur pour moi; mais, n'importe, je tiendrai bon; je veux être exaucée à tout prix par saint Antoine. »

La veille, dans le courrier, une jeune fille écrivait: « Je promets de ne plus lire aucun roman, ni aucun journal, sans la permission de mon confesseur et de ma mère... Ensuite, je ne me friserai plus pendant quatre ans!! »

« Mais c'est cela, c'est à tout fait cela », écrivait une correspondante. « Cette petite feuille, disait une autre, répond à mes plus secrètes pensées ». « On dirait qu'elle a été écrite pour moi, ajoutait une troisième, et j'en ferai sûrement mon profit. »

De Pau, une ancienne et fidèle amie de l'arrière-boutique écrivait:

Merci pour les deux petites feuilles. Elles doivent être du P. Marie-Antoine et j'ai éprouvé une grande confiance, une grande résignation en les lisant. Y aurait-il de l'indiscrétion à vous en demander deux autres? »

De Varsovie, le 15 janvier, madame la comtesse W. écrit:

Je vous suis on ne peut plus reconnaissante et touchée des conseils de saint Antoine; j'en ai tout de suite profité et je fais tous les jours un quart d'heure de méditation et tâche de me mortifier, afin de mériter les consolations divines.

Une dame écrit de Vesoul (Haute-Saône):

Voudriez-vous avoir l'obligeance de m'envoyer cinquante *Réponse à ceux qui se plaignent, etc?* Cette réponse est si pratique, si substantielle, si sanctifiante, que je voudrais profiter de ma correspondance de la nouvelle année pour en distribuer à mes amis et connaissances.

*
* *

Nous ne risquons guère, pour le dire en passant, de blesser la modestie de l'auteur, en imprimant ces choses flatteuses, par la raison que, d'auteur, il n'y en a pas. Non, pas même le cher P. Marie-Antoine.

La *réponse* n'est proprement l'œuvre de personne. C'est le fruit d'une collaboration anonyme. Ce sont, résumés en quatre pages sans prétention, les réflexions, devis et propos divers qui se tenaient couramment à l'arrière-boutique.

Il ne part plus désormais de la rue Lafayette une seule lettre qui ne renferme la petite paillette. C'est par centaines, par milliers, qu'elle a été répandue. Le chiffre actuel du tirage dépasse *soixante mille exemplaires*, en un an.

Mais ce n'est pas tout. Ce qui ne fut pas moins extraordinaire que l'empressement des correspondants de mademoiselle Bouffier à en demander de tous côtés des paquets, pour la répandre, c'est le nombre de revues antoniennes qui se hâtèrent de la reproduire. Un excellent religieux capucin de la province de Toulouse, composant à ce moment un manuel de la dévotion de saint Antoine, l'y inséra sans hésitation. Elle figure également dans l'*Almanach de saint Antoine* pour l'année 1898, édité par la maison Desclée de Lille. Elle a été imprimée en tête de la nouvelle édition de la traduction allemande du livre de l'*Arrière-Boutique* (1). Enfin les revues spéciales, qui n'en reproduisirent pas le texte, en donnèrent, du moins, la substance. De ce nombre fut la *Revue de Padoue* (novembre 1897), de Dom Locatelli, qui en emprunta l'analyse à une petite feuille canadienne.

Il fallait vraiment, comme nous eûmes l'occasion de l'écrire à un religieux capucin, que les tendances du siècle répugnassent essentiellement au sacrifice, comme nous ne le voyons, hélas! que trop, et que les chrétiens eux-mêmes en eussent trop oublié l'obligation et perdu le goût, pour que la pratique de la Pénitence pût être

(1) Ce petit livre a été traduit en allemand, en italien, en tchèque, en polonais et en tamoul.

considérée comme un moyen tout à fait nouveau, — et à essayer dans les cas désespérés, — de se rendre le saint favorable, lorsqu'elle est, au contraire, pour tous les hommes, de la plus indispensable nécessité. Combien, en effet, même parmi les chrétiens, ne seraient pas éloignés de s'imaginer que la pénitence est un superflu, presque un luxe, et qu'à moins d'y être appelé par une vocation spéciale, comme les trappistes et les carmélites, on peut s'en dispenser sans inconvénient.

*
* *

Mais avions-nous raison de dire que c'est tout un aspect nouveau de l'œuvre du Pain des Pauvres, telle qu'elle est pratiquée à Toulon depuis sa naissance, qui allait être révélé au lecteur?

Il se peut toutefois très bien qu'un érudit, — ils sont terribles! — découvre que cela non plus n'est pas nouveau, et qu'avant l'arrière-boutique, on se mortifiait dans l'Eglise, et depuis longtemps. Hâtons-nous d'en convenir, pour ne pas envenimer la polémique.

En dépit des censeurs qui, nous l'avons dit, déploraient parfois qu'on recourût au saint de la Boutique, presque exclusivement pour des intérêts temporels, l'hôtesse de saint Antoine eût considéré « sa chère petite œuvre », comme bien incomplète, bien imparfaite, si elle n'avait eu vraiment d'autre objet que de procurer du pain aux pauvres. C'est aux riches aussi que l'Intendante ambitionnait de faire la charité.

Elle estimait, avec raison, que l'inspiration divine de l'œuvre serait plus manifeste, à mesure qu'elle tournerait devantage au progrès moral, au profit spirituel de ceux qui donnent comme de ceux qui reçoivent.

Soulager les pauvres, c'est très bien! mais, suivant l'expression de saint Augustin, se faire l'aumône à soi-même, ne pas s'aveugler sur ses propres besoins! voilà surtout ce qui importe. Il ne manque pas, hélas! de chrétiens qui, faute de connaître leur détresse, se montrent plus durs et plus insensibles pour eux-mêmes que pour leur prochain.

S'il est vrai, comme le disait le curé d'Ars, que dans la voie du sacrifice *il n'y a que le premier pas qui coûte*, et que la mortification ait « des douceurs dont on ne peut se passer quand une fois on les a connues », quelles jouissances intimes et suaves ne se préparent donc pas ceux qui, étant entrés en commerce avec saint Antoine, croyant en être quittes, avec lui, pour quelques pièces de monnaie, se trouvent insensiblement engagés dans une voie où il y va d'eux-mêmes plus que de leur bourse!

Certains, sans doute, trembleront de s'aventurer dans ce sentier abrupt et malaisé où la presse, d'ailleurs, n'est pas grande ; mais que d'âmes d'élite devront, par contre, à saint Antoine d'avoir été acheminées ainsi, à leur insu, vers les sublimités du renoncement, du sacrifice, de l'immolation !

*
* *

Nous ne saurions mieux finir ces pages qu'en laissant le R. P. Théodore, religieux capucin du couvent de Marseille, un des meilleurs amis de l'arrière-boutique, nous raconter les résultats que peut à l'occasion produire la petite paillette, et comment notre saint s'y prend pour faire parvenir ses réponses à leur adresse.

Le bon Père arrivait de prêcher, fort loin de Toulon, une Mission au succès de laquelle il avait intéressé saint Antoine. Très au courant de ce qui se passe à l'arrière-boutique, il avait eu, des premiers, connaissance de la petite feuille et, pensant pouvoir l'utiliser, en avait demandé un petit paquet à l'Intendante qui s'était empressée de lui en envoyer un gros.

« Quand je le reçus, dit-il, je fus, d'abord, un peu embarrassé de savoir que faire de mes feuilles, car je ne voulais les distribuer qu'à bon escient. L'idée me vint qu'après tout, c'était l'affaire de saint Antoine, et qu'il se chargerait, mieux que moi, de les faire arriver à destination. Dans la paroisse où je prêchais se trouvait, naturellement, une magnifique statue de notre saint, et je remarquai, à ses pieds, entre deux vases de fleurs, une petite place vide. Voilà mon affaire, me dis-je. J'y déposai, bien en évidence, quelques-unes des petites feuilles, demandant à saint Antoine de les faire tomber en bonnes mains. Vous allez voir s'il perdit pour cela beaucoup de temps.

» Le lendemain, une jeune dame venait me dire en confidence : « Mon Père, il y a longtemps que je demande une grâce à saint Antoine, mais il fait obstinément la sourde oreille. Ce matin, pendant que je le priais, à la paroisse, j'ai aperçu, à ses pieds, une petite feuille, je l'ai prise, et, après l'avoir lue, je l'ai emportée, comme si je venais de commettre un larcin. Sa lecture m'a fait comprendre qu'il y a un second moyen, et plus efficace encore, de toucher le bon saint, et je me suis demandé s'il n'attendait pas de moi un sacrifice. Il y en a un que j'hésite à faire, et que j'entrevois pourtant comme nécessaire. Je possède une bibliothèque qui me vient de mes parents et contient quantité de livres rares et précieux, mais mauvais, détestables même, et fort dangereux. Je comprends qu'il faut que je la brûle. Mais, comme je me priverais ainsi d'une somme assez ronde, car il me serait facile de vendre cette bibliothèque un bon prix, je ne puis me résoudre à sacrifier cette ressource. Il m'a bien semblé pourtant, hier, que c'était cela que me suggérait saint Antoine. Dites-moi, mon Père, qu'en pensez-vous? Quel est votre avis?

— Mon avis, madame, lui dis-je, mais je n'en ai point. Vous me donnez celui de saint Antoine ; puis-je me permettre d'en avoir un autre? Consultez-vous, consultez-le, et faites selon ce qu'il vous dira, si vous jugez que ce soit vraiment lui qui vous parle. »

» La dame partit, indécise, combattue, fort soucieuse. Le lendemain, elle revenait, mais radieuse : « Ah ! mon Père, que je suis heureuse, me dit-elle ; j'ai suivi le conseil de saint Antoine. Le sacrifice est consommé. Je n'avais jamais encore éprouvé autant de bonheur qu'aujourd'hui. »

*
* *

» Ce ne fut pas, poursuivit le Père, le seul triomphe de saint Antoine, pendant la mission. Ecoutez cet autre : Une jeune fille, un matin, demandait à me parler. C'était une âme honnête, droite, autant que j'en pus juger, mais fort malade cependant, atteinte d'anémie spirituelle. De la foi, oui, encore, quoique vacillante, avec des lueurs de bonne volonté, mais presque aucune pratique de piété : plus qu'indifférente, dégoûtée. Elle sollicitait des conseils, une direction. Et ne voyant pas la cause de cette maladie de langueur, j'étais fort empêché de lui indiquer un remède. J'engageai cette jeune personne à recourir avec confiance à saint Antoine. « Allez le prier, lui dis-je ; vous trouverez à ses pieds une petite feuille, prenez-la... — Hé ! mon Père, dit-elle, en m'interrompant, je l'ai dans ma poche. C'est elle qui m'amène auprès de vous... »

» Je ne sais comment, au cours de la conversation, je crus comprendre que ce qui l'avait frappée le plus dans la petite *Réponse*, c'était la grâce obtenue par cette jeune femme, après une promesse faite de ne plus lire de romans. Il me sembla qu'en suivant cette indication, j'allais avoir le mot de l'énigme. « Et vous-même, lui dis-je, lisez-vous beaucoup de romans ? — Ah ! mon Père, s'écria-t-elle, je ne fais guère autre chose ; c'est à cela que je passe mes journées. »

» J'avais l'explication de cet étiolement spirituel qui m'avait surpris. « Mais, reprit-elle, c'est fini, mon Père ; je l'ai promis à saint Antoine, je ne veux plus lire aucun roman, car je le comprends, maintenant, ce sont ces lectures funestes qui sont cause de mon éloignement de Dieu. »

CHAPITRE DOUZIÈME

LUEURS D'ESPOIR

Il y a une conclusion à tirer de la merveilleuse rénovation du culte du bon saint Antoine et de la confiance avec laquelle les mécréants eux-mêmes recourent, à l'occasion, à sa toute-puissante intervention.

Elle nous semble tout indiquée.

C'est que l'irréligion, devenue si générale à notre époque, n'est la plupart du temps qu'une irréligion de surface et de parade.

La libre-pensée est une pose, quand elle n'est pas un calcul, à moins qu'elle ne soit une lâcheté. Et ce qui le démontre, ce sont les innombrables convertis de la dernière heure.

Eh bien, cela n'indique-t-il pas que, si la déchristianisation, grâce à l'école athée et au journal maçonnique, a gagné beaucoup de terrain dans notre malheureux pays — et la progression de la criminalité ne permet pas d'en douter, — tant s'en faut que la France ait apostasié.

Dans le sol si ravagé de notre patrie, il y a encore des ressources inattendues, comme des réserves de foi, des germes latents de régénération sociale.

Oui, grâce à saint Antoine, nous avons appris que tout espoir de relèvement ne nous est pas interdit.

La France chrétienne n'est pas morte encore, comme le disait le Christ de ce Lazare déjà décomposé qui devait devenir un des premiers apôtres de notre patrie.

*
* *

Nous voyons dans les lettres de nos missionnaires les obstacles auxquels ils se buttent, chez les païens, pour constituer un clergé indigène. Il faut, paraît-il, plusieurs générations de chrétiens dans une famille, pour arriver à former des croyants solides, résistants, complets. Il est nécessaire que les habitudes chrétiennes soient comme infusées dans le sang, qu'une transformation intime se soit lentement opérée, que la foi, dans ces âmes arrachées d'hier aux étreintes séculaires de l'erreur, ait déposé de nombreuses alluvions de vertus, pour que cette fleur exquise qui s'appelle la chasteté sacerdotale puisse y germer et s'y épanouir.

Si telle est la difficulté que l'on éprouve à enraciner fortement la foi dans ces âmes d'idolâtres, sur lesquelles pèse l'atavisme de longues générations d'infidèles, n'en peut-on pas conclure, dans un sens inverse, que l'athéisme doit, à son tour, rencontrer de sérieux obstacles à mordre sur la masse de ces chrétiens de vieilles souches, qui ont hérité de longues habitudes de foi d'innombrables générations de chrétiens? L'impiété officielle, quelque succès qu'elle paraisse obtenir dans son infernale entreprise de déchristianisation, peut bien sans doute effleurer la surface ; elle ne saurait si aisément qu'on le croit entamer le roc.

*
* *

Sans doute, la foi peut subir sur notre sol des éclipses momentanées, mais la France est baptisée depuis trop longtemps, elle a été trop profondément labourée par le soc de l'Evangile, elle a trop versé de son sang pour le Christ, il est encore trop manifeste qu'au dehors elle n'est encore quelque chose que comme nation catholique avant tout, pour qu'il soit, en somme, aussi facile que se l'imaginent nos francs-maçons de lui arracher la foi.

Il nous semble que ce sont là des raisons qui doivent nous garder des tentations de découragement.

Devant le spectacle affligeant de l'iniquité triomphante, au milieu de nos humiliations et de nos épreuves, l'espérance invincible nous reste.

Si les masses, si facilement égarées, mais pourtant si promptes à saluer la vérité quand elle leur est montrée ; si les classes populaires ne sont plus chrétiennes, elles sont cependant demeurées, en dépit des sophistes de la tribune et de la presse, instinctivement religieuses, et le montrent bien dans toutes les circonstances solennelles de la vie, à la naissance, au mariage, à la première communion et au lit de mort. Cela dit bien quelque chose.

*
* *

Pour rallumer cette mèche qui fume encore, que faudrait-il ?

Un de ces événements subits dans lesquels il n'est que trop visible que c'est Dieu qui se montre et qui parle !

Laissons dire les sectaires imbéciles qui pour organiser leur civilisation prétendent se passer de Dieu.

Quelle plus monstrueuse folie ! La France redeviendra catholique ou disparaîtra du rang des nations.

« Les peuples, a dit un penseur, n'ont été formés que pour les âmes. Comment Dieu pourrait-il tolérer une société expressément établie pour les perdre ? »

Nous nous effondrerons donc dans la honte et la pourriture, ou une occasion providentielle nous sera offerte de nous ressaisir et de retrouver dans nos cœurs la foi vivante des ancêtres.

Et c'est comme l'aurore du salut et le gage de notre relèvement national, que nous saluons la venue miraculeuse de saint Antoine dans notre malheureuse patrie.

FIN

TABLE DES MATIÈRES

ÉMILE COLIN — IMPRIMERIE DE LAGNY

www.ingramcontent.com/pod-product-compliance
Ingram Content Group UK Ltd.
Pitfield, Milton Keynes, MK11 3LW, UK
UKHW020434200726
13857UKWH00002B/415